Astrid Meier

Die L.A.U.C.H.-Methode

AF284192

Astrid Meier

Die L.A.U.C.H.-Methode

Krisen bewältigen in 5 einfachen Schritten

Bibliografische Information der Deutschen Nationalbibliothek:

Die Deutsche Nationalbibliothek verzeichnet diese Publikation in der Deutschen Nationalbibliografie, detaillierte bibliografische Daten sind im Internet über http://dnb.dnb.de abrufbar.

© Astrid Meier

1. Auflage, November 2020

Herstellung und Verlag:

BoD - Books on Demand, Norderstedt

ISBN: 9783751980906

Das Werk einschließlich aller Inhalte ist urheberrechtlich geschützt und alle Rechte, auch Übersetzungen bleiben vorbehalten. Nachdruck oder Reproduktion (auch auszugsweise) in irgendeiner Form (Druck, Fotokopie, Mikrofilm oder ein anderes Verfahren) sowie die Verarbeitung, Einspeicherung, Verbreitung und Vervielfältigung mithilfe elektronischer Systeme jeglicher Art, gesamt oder auszugsweise, ist ohne ausdrückliche schriftliche Genehmigung des Herausgebers untersagt.

Für

Markus und Isabelle,

die mich sehr unterstützt haben.

Vielen Dank an Euch beide!

Inhaltsverzeichnis

I

III   Überblick zu Entspannungsmethoden 163

Bonusteil: Waldbaden...................................225

Hier findest du Hilfe 240

Literatur- und Quellenverzeichnis.....................243

Einleitende Worte

Das Leben ist kein Ponyhof, sondern besteht aus Höhen und Tiefen, die jeder Mensch unterschiedlich erlebt. In diesem Buch geht es darum, wie du besser mit Krisen umgehen kannst, schneller wieder auf die Beine kommst und hoffentlich gestärkt aus einer Krise hervorgehst. Es ist ein kleiner Ratgeber, randvoll mit alltagstauglichen Tipps, die auf die Phasen einer Krise abgestimmt sind. Hinzukommen Geschichten und viele Übungen, die es dir hoffentlich leichter machen, wieder aus der Krise herauszukommen.

Du erfährst etwas über mein Leben und wie ich es geschafft habe, mit etlichen Schicksalsschlägen zurecht zu kommen und ich zeige dir, wie auch du für dich einen Weg finden kannst. Darunter befinden sich große und auch kleinere Krisen und Lebenserinnerungen, die verdeutlichen, wie uns das Leben vorbereitet, wie du solche Lektionen im Ernstfall „abrufen" kannst. Manche sind dabei, die dich hoffentlich auch mal zum Schmunzeln bringen und dir zeigen, das Leben ist schön und hat gute Seiten, selbst wenn es gerade nicht so rosig aussieht.

Wir lernen von klein auf durch das Zuhören bei den Älteren und werden so (zumindest etwas) auf das Leben vorbereitet. Wenn Krisen dann da sind, muss man sie durchstehen und die Zähne zusammenbeißen. Dabei im Gegenzug das Leben in vollen Zügen genießen - mit allem was möglich ist!

Und genau hier setzt meine LAUCH-Methode an: Ich habe ziemlich viele Krisen, Todesfälle, Erkrankungen auf Reisen erlebt und bin daraus im Großen und Ganzen gestärkt hervorgegangen. Mein Leben ist schön und lebenswert und ich will dir weitergeben, was ich in den Krisen (oft intuitiv) richtig gemacht habe, wie mich das gestärkt hat und wie du das für dich übernehmen kannst.

Ich bin weder Medizinerin noch Psychologin. In diesem Buch berichte ich von eigenen Erfahrungen, die ich gemacht und gemeistert habe. Daraus abgeleitet entstand meine LAUCH-Methode als kleine Hilfestellung in Krisensituationen. **Das Buch ersetzt keinen Besuch beim Arzt oder Psychologen. Bitte suche rechtzeitig das Gespräch oder professionelle Hilfe.**

Den Impuls, tatsächlich ein Buch zu schreiben, gab Hermann Scherer in einem Webinar. Er betonte dabei sehr, dass ein neues Sachbuch ein interessantes Thema haben und am besten ein Problem lösen sollte. Darüber hinaus, dass man als Autor*in möglichst Geschichten erzählen sollte, mit denen sich die Leser identifizieren können. Er erwähnte dabei, dass viele Menschen mit Krisen zu kämpfen hätten und Zack, da hatte ich mein Thema, um das ich schon länger herumgeschlichen war. Bei mir fiel der Groschen und ich begann, zu schreiben. Etliche Gedanken zu gemeisterten Krisen in meinem Leben kamen hoch, die ich ziemlich gut verdrängt hatte. Die meisten Krisen bewältigte ich alleine, mit Familie oder Freunden. Beim Tod meiner Mutter holte ich mir die

Unterstützung durch einen Psychologen, was sehr gut war.

Ich habe wohl vieles unterbewusst richtig gemacht, ohne eine klassische Strategie anzuwenden. Mittlerweile kenne ich etliche Methoden zur Krisenbewältigung. Ich habe eine Ausbildung in NLP und zur Entspannungspädagogin gemacht und sehr viel zu den Themen gelesen, worauf ich später zu sprechen komme.

Mein Wunsch ist es, dir zu helfen, schneller, besser und gestärkter aus einer Krise, aus Trennungsschmerz oder Trauer hervorzugehen. Jedenfalls habe ich lange gegrübelt und recherchiert und wollte ein Buch schreiben, das andere Menschen weiterbringt. Etwas Sinnstiftendes, das inspiriert und weiterhilft. Mit umsetzbaren Schritten, auch immer mal wiederholend, damit es sich setzen kann und falls du im Buch nicht chronologisch liest, sondern so wie es dich gerade interessiert.

Die im Buch manchmal gewählte männliche Form bezieht sich immer zugleich auf weibliche und männliche Personen.

„Das Schicksal geht mit uns wie mit Pflanzen um: Es macht uns durch kurze Fröste reifer.“
JEAN PAUL

Die LAUCH-Methode

„Die LAUCH-Methode" ist universell auf Krisen anwendbar. Am Anfang einer Krise stecken die meisten Menschen erst einmal in der **Phase der Lähmung (L)**. Nichts geht von der Hand, du willst das Geschehene nicht wahrhaben, kannst es noch gar nicht glauben oder streitest es schlicht ab.

Dann kommt eine Zeit, in der du **akzeptieren (A)** und schließlich wieder **aktiver (A) werden** solltest. Wenn du es dann schaffst, (wieder) **auf deine Umwelt (U), also Menschen in der deiner Nähe zuzugehen** oder deren (Hilfs-) Angebote anzunehmen, geht es aufwärts. Es schließt sich die **Phase der Chancen (C)** an, die du ergreifen solltest. In der letzten Phase geht es darum, gestärkt aus der Krise hervorzugehen und dich für etwaige neue Krisen zu wappnen. Also **Heraustreten (H) wie Phönix aus der Asche.**

I Krisen durchstehen

„Du kannst den Regenbogen nicht haben, wenn es nicht irgendwo regnet. "
INDIANISCHE WEISHEIT

Haben Krisen sogar etwas Gutes?

Es gibt einen Satz von Eckardt von Hirschhausen: *„Manchmal bist Du die Taube und manchmal bist Du halt das Denkmal".* Mich bringt er zum Schmunzeln und ich finde, dass Wahrheit drinsteckt und es eine gute Denkhaltung ist, die einen viele Dinge mit ein wenig Abstand sehen lässt. Und ein wenig „Nonchalance" ins Leben bringt.

Stellt sich die Frage, wie du während einer Krise aktiv werden kannst?

Versuche, folgende Sichtweise anzunehmen: Wie kann ich diese Krise als Herausforderung sehen? Das passt gut zu Menschen, die ohnehin sportlich sind oder sportlich denken. Diesen Menschen hilft manchmal eine Herausforderung. Oder eine Art spielerisches Denken. Mit Anfang, Ende und einem Ziel, das es zu erreichen, einer

Hürde, die es zu überwinden gilt. Mir hilft das übrigens auch!

Kurzfristig ist jede Krise, Trennungsschmerz, jeder Verlust und schwere Krankheit erstmal eine Katastrophe. Mensch hadert und fragt sich, warum ich? Wie soll ich damit fertig werden? Habe ich nicht schon genug zu tragen? Oder ähnliche Gedanken.

Rückblickend betrachtet, wenn die Krise durchgestanden oder zumindest wieder etwas Normalität eingetreten ist, kannst du teilweise auch gute Dinge entdecken, die vielleicht für dein persönliches Wachstum doch positiv waren.

Du erkennst vielleicht, dass du in der Lage warst, Kraftreserven zu wecken, aus der Gleichgültigkeit gerissen wurdest, alte Freunde wiederentdeckt oder gemerkt hast, was alles in dir steckt. Denkanstöße und Fortschritte sind oft das Resultat von Krisen.

Mit diesen Anregungen kannst du eine Krise hoffentlich gelassener betrachten:

- Nach Robert Betz ist jede Krise eine Tür, die etwas Gutes für uns bereithält. Sage dir: „Danke, dass ich leben darf".
- Nimm möglichst nicht alles persönlich und bewahre dir einen gesunden Zynismus und Abstand.
- Sieh eine Krise nicht als Strafe.
- Frage nicht: „Warum ich?", sondern: „Was sagt mir das? Wie gehe ich jetzt damit um?"
- Ändere deine Perspektive. Versuche, alle Seiten zu sehen.

Ich habe einige Krisen in meinem Leben bewältigt und während ich drinsteckte, war es grauenhaft und schlimm. Rückblickend betrachtet machen etliche Zusammenhänge Sinn und ich bin daran gewachsen. Mehr davon später. Jedenfalls liegt es an uns selbst, wie wir mit einer Krise umgehen und wie wir unser Leben insgesamt meistern.

Positive Beispiele, was Menschen aus Krisen gelernt haben:

- Die innere Stärke (wieder)entdecken und sich ihrer bewusst werden.
- Gleichmut - sich weniger über Kleinigkeiten aufregen.
- Das Große und Ganze wertschätzen.
- Mehr im Gefühl der Zufriedenheit sein.

- Manche Menschen finden zum Glauben.
- Für Viele entsteht eine neue Art der Gemeinschaft.
- Sie achten mehr auf Ihre Gesundheit.
- Die eigenen (kleinen) Bedürfnisse werden unwichtiger.
- Es steigert das Bewusstsein, was im Leben wirklich zählt und wichtig ist.
- Beziehungen bekommen mehr Wert: Familie, Partner und Freunde treten in den Vordergrund.
- Manche Menschen entdecken neue Eigenschaften an sich selbst wie Hartnäckigkeit und Durchhaltevermögen.

Durchbreche Denkmuster

Es ist hinderlich, wenn du denkst: Warum ich? Oder wieso trifft es (immer) mich? Versuche es stattdessen so zu sehen: Wofür ist das gerade gut und wie kann ich stärker werden?

Wow. Ich habe das geschafft. Konzentriere dich auf das, was du ändern oder beeinflussen kannst. Kann eine Krise ein Weckruf sein? Umkehr, ein neuer Weg oder eine andere Richtung?

In seinem Buch *Ratgeber Depression. Informationen für Betroffene und Angehörige* beschreibt der Psychologie-Professor Dr. Martin Hautzinger Wege aus einer Krise heraus. Er spricht in seinem Buch zwar von Depression, dabei ist der Weg für eine Krise oder Trauerzeit identisch. Denn es ist wichtig, die dahinterliegenden Muster aufzudecken. So kannst du herausfinden, was einen guten Einfluss auf deine Stimmung hat und davon mehr in dein Leben holen.

Aber welchen Sinn hat es, wenn ein Mensch (viel zu früh) stirbt oder geht? Wozu braucht man eine schwere Krankheit? Welchen Sinn macht es, wenn einen der Partner plötzlich verlässt und man das gar nicht will? Da hilft die Sichtweise: Es hört wieder auf und Du musst da jetzt durch. Es gibt keinen anderen Weg!

„Wenn alles gegen dich zu sein scheint, dann erinnere dich, dass ein Flugzeug gegen den Wind abhebt und nicht mit dem Wind.“

HENRY FORD

Eine Krise ist oft ein Wendepunkt im Leben. Es gibt neue, manchmal unerwartete Herausforderungen, die sich bisweilen als Chancen entpuppen können.

Auf den ersten Blick fällt es schwer, da irgendeinen Sinn zu finden. Als es bei meiner Mutter aufs Ende hinging und mir klar war, dass sie nicht mehr gesund werden kann, suchte ich mir präventiv psychologische Begleitung. Der Therapeut half mir bereits in der schweren letzten Krankheitsphase und dann auch in der Zeit nach ihrem Tod. Rückblickend hatte ich das vollkommen richtig gemacht. Denn diese Krise war bei weitem die schlimmste in meinem Leben.

Jedenfalls versuchte der Therapeut damals, mir die positiven Dinge vor Augen zu führen. Und lenkte meinen Blick immer wieder auf Freunde und Netzwerke, die tragen können. Und ich erinnere mich noch gut, dass mir das unendlich schwerfiel. Denn mein Argument dagegen: „Diese Freunde habe ich eh und hätte sie auch zusätzlich, wenn ich noch Familie hätte." Im Endeffekt hatte er aber Recht, den Blick auf das zu richten, was möglich und vorhanden ist. Zu leugnen, was geschehen ist, hilft nichts. Leider.

In der Krise

Ist dir schon mal aufgefallen, dass auf der Straße, im öffentlichen Leben fast niemand weint? Ich frage mich, wie andere Menschen das machen. Denn ich musste in akuten Phasen ab und zu einfach so weinen. Auch auf der Straße. Und konnte es zum Teil wirklich nicht verhindern, dass mir die Tränen die Wangen runterliefen. Wenn gerade eine Erinnerung hochkam, ich an einem

Lieblingsrestaurant vorbeilief oder mir ein trauriges Lied in den Sinn kam.

Als meine eigene akute Phase vorbei war, habe ich andere Menschen beobachtet und geschaut, ob jemand auf der Straße weint. Gehen die alle in den Keller? Sind die so beherrscht? War ich so unbeherrscht? Da grüble ich noch nach. Oder weint man nicht? Ist Gefühle-zeigen out?

Dabei ist weinen sehr wichtig. Gerade im akuten Fall sollte man Gefühle zulassen und auch rauslassen. Das reinigt den Körper und entlastet. Es ist an dieser Stelle nicht gut, die Gefühle zu unterdrücken oder zu leugnen. Meistens kommen starke Emotionen dann später hoch und wollen verarbeitet werden. Dann doch besser gleich!

TIPP: Lasse die Gefühle gleich am Anfang zu. Denn da haben die meisten, eigentlich alle Menschen im Umfeld Verständnis für Weinen, Klagen, miese Stimmung, Unaufgeräumtheit, Gefühlsausbrüche oder mal einen Tag im Bett. Je länger das Ereignis zurückliegt, desto mehr entsteht im Umfeld die Erwartungshaltung, bitte wieder zu funktionieren und zur Normalität zurückzukehren.

Ich habe den Wunsch zu zeigen, dass Krisen lösbar sind. Dass man viele zunächst nicht bewältigbare Situationen meistern kann und manchmal, meistens sogar, gestärkt daraus hervorgeht. Auch wenn das Zeit braucht! Und Geduld! Und Nerven kostet!

Aber es geht! Also gibt es Hoffnung. Und die möchte ich in diesem Buch rüberbringen. Wenig akademisch, sondern mit Ansätzen, die umsetzbar sind und Hilfe bieten. Dafür musst du die Krise, das Problem oder Thema aber annehmen und durch das Tal der Tränen gehen. Selbst durchstehen und durchschreiten!

Mein Leitsatz dabei: Alles hat ein Ende und geht wieder vorbei!

In der Zeit der akuten Trauer oder Krise geht es oft nicht anders. Man kann nicht aus seiner Haut heraus und es ist wichtig, die Gefühle nicht zu verleugnen, abzustreiten oder irgendwie zu vertuschen. Mittlerweile weiß ich, dass gerade Menschen, die die Gefühle zulassen und ausleben, auf lange Sicht gesehen, besser mit Verlust, Trauer und eben tiefen Krisen zurechtkommen. Denn unterdrückte Gefühle sind trotzdem da und gehen nicht einfach weg. Sie kommen später wieder. Wie ein Boomerang...

Gefühle und Probleme während einer akuten Krise:

1. Die **Gefühle gehen rauf und runter. Stimmungsschwankungen** gehören irgendwie dazu. Nichtwahrhabenwollen wechselt sich ab mit Verleugnung, tiefer Sehnsucht, Weinen oder Schwelgen in Erinnerungen.
2. **Angst.** Angst vor der Zukunft, vor den Anderen, vor den eigenen Gefühlen, vor Reaktionen. Angst vor Schmerzen und vor dem „Erwachen in die Realität".

3. **Rückzug.** Ein Wechselbad der Gefühle und Bedürfnisse, das andere oft nur schwer begreifen können. Einerseits ist es schlimm, alleine zu sein, da dann die Gedanken das Kreisen anfangen. Andererseits ist es kaum auszuhalten, wenn Mitmenschen versuchen, Aufheiterung zu verbreiten. Daher ist die Phase des Rückzugs völlig normal, um sich zu sortieren, ins Reine zu kommen oder Ruhe zu finden.

4. **Wirre Gedanken** können einen in den Wahnsinn treiben. Eine Phase der Zerstreutheit. Man weiß teilweise nicht, was der andere gerade gesagt hat, ob man die Haustüre abgeschlossen hat oder wann der letzte Friseurtermin war. Es ist zum Teil echt schwer, einen klaren Gedanken zu fassen. Geht vorbei...

5. **Langsamkeit**, nichts geht von der Hand. Schockstarre. Die Welt fühlt sich an wie in Watte gepackt. Es sind so viele Dinge zu erledigen. Der Berg ist riesig, so dass alles nur noch schwerer von der Hand geht. Zumal man eh schon recht erschöpft ist.

6. **Wut oder Schuldgefühle** sind auch normal. Gehören am Anfang mit dazu. Wichtig ist es, dass die Gefühle im halbwegs realistischen Bereich bleiben und nicht zu übermächtig werden.

7. **Gesundheitliche Probleme** sind auch dabei, denn wer schlecht schläft oder gar nicht, wenig isst und dann nur Mist zu sich nimmt, hat unter Umständen

auch mit gesundheitlichen Beeinträchtigungen zu kämpfen. Auch unerklärliche Schmerzen können auftreten.
Hole dir Unterstützung. Du bist nicht alleine.

„Wenn es einen Glauben gibt, der Berge versetzen kann, so ist es der Glaube an die eigene Kraft."

MARIE VON EBNER-ESCHENBACH

Überlebensstrategien für den Alltag

Von meinen Krisen habe ich dir ja erzählt und mir ging es teilweise sehr schlecht. Aber ich konnte jede einzelne Krise überstehen, bin gereift und habe aus den vergangenen Jahren heraus für mich folgende „Überlebensstrategien" für den normalen Alltag herausgefunden, erarbeitet und etabliert. Ich versuche, diese täglich anzuwenden.

Nicht jede Sache jeden Tag. So viel wie gerade möglich oder nötig ist.

Aber ich kann dir den guten Tipp geben, dass es hilft, ein persönliches Schatzkästchen an hilfreichen Ideen zu haben. Ich nenne sie meine „Pfeile im Köcher", die ich bei Bedarf zücken kann.

Mein Schatzkästchen (Vieles findest du im dritten Teil des Buches):

- Morgens noch im Bett überlege ich mir: „Was macht meinen Tag heute zu einem schönen Tag?"[1]
- Ich habe eine Pulsuhr und versuche zwischen 6.000 und 10.000 Schritte pro Tag zusammenzubekommen. Bewegung löst Blockaden und hilft heilen.
- Jeden Tag versuche ich, entweder 10 Minuten Ruhe-Übungen zu machen (entweder Autogenes Training, Progressive Muskelentspannung, Yoga oder Meditation).
- Wenn ich zu schlapp bin, lege ich mich nur auf meine harte blaue Pilates-Rolle, um meine Wirbelsäule zu dehnen.

---

[1] Gar nichts Großes oder Wildes. Es genügt eine Sache, auf die ich mich an diesem Tag freue. Wenn nichts an dem Tag ansteht, dann ist mein Highlight eben ein Stück Kuchen vom Bäcker, verbunden mit einem Spaziergang, ein Yoga-Workout oder was anderes.

- Da ich mit Rückenproblemen behaftet bin, versuche ich täglich etwas für meinen Rücken zu tun, wie Rückenübungen, blaue Rolle, Fitnessstudio etc. Ich habe mir angewöhnt etwa einmal pro Quartal zur Osteopathie zu gehen.
- Wenn mir etwas weh tut, habe ich gute Erfahrungen mit Atemübungen gemacht: Ich atme ganz bewusst an die schmerzhafte Stelle und stelle mir vor, wie die Beschwerden immer kleiner werden.
- Bei Schreibtischarbeiten versuche ich einen Wechsel zwischen Sitzen und Stehen. Dafür habe ich zusätzlich einen Stehtisch in meinem Arbeitszimmer.
- Bei meinem täglichen Spaziergang schöpfe ich Kraft und sortiere meine Gedanken. Dabei gehe ich regelmäßig in den Wald.
- Beim Nähen kann ich gut abschalten[2] und zur Ruhe kommen.
- Wenn ich manchmal nachts schlecht oder nicht schlafen kann, gehe ich in Gedanken ein Schnittmuster durch. Das beruhigt mich und langweilt mich irgendwann so, da es Routine ist, dass ich wieder einschlafe. Oder ich übe Autogenes Training, das hilft meistens.
- Ich lerne sehr gerne neue Dinge und bin viel auf YouTube und im E-Learning-Bereich

---

[2] Außer die Nähmaschine frisst gerade den Stoff oder so

unterwegs. Das hält mich fit und ich habe stets eine Aufgabe greifbar, wenn ich mich gerade nicht so wohl fühle.

- Ich mag Stricken und habe mir das Sockenstricken dank YouTube selbst beigebracht.

„Auch der weiteste Weg beginnt mit dem ersten Schritt". KONFUZIUS

Anregungen für eine positive Einstellung:

- Ich erkenne Chancen und greife meistens zu.
- Ich bin ein Stehaufmännchen.
- Ich habe schon so viel bewältigt, das nächste Thema schaffe ich auch noch.
- Kopf hoch, dieses Problem ist zwar schlimm, geht aber vorbei oder wird mit der Zeit weniger tragisch.
- Ein Schritt nach dem anderen.
- Vertraue dem Leben: Es kommen wieder Gelegenheiten.
- Ich versuche, dranzubleiben. An Aufgaben, Themen, ...
- Das Leben ist schön. Wertschätze es gefälligst...

ÜBUNG: Riechen üben

Ich kann dir hier eine kleine Übung weitergeben, die vielleicht dazu beiträgt, dass du dich selbst schneller oder leichter beruhigen kannst. Es braucht etwas Zeit oder Konditionierung. Geht aber leicht.

Gibt es einen Duft, den du besonders gerne magst? Einen Geruch, der dir aus der Kindheit positive Erinnerungen ins Gedächtnis ruft? Einen Duft, der dich beruhigt? Wo hast du diesen wahrgenommen? War es im Urlaub? Auf dem Bauernhof? In der Kindheit?

Beispielsweise der Duft von Apfelkuchen bei der Oma. Ein Hauch von Vanille in der Luft. Oder ein blühender Fliederbusch oder der betörende Duft von Lavendel oder Rose. Frisch gemähtes Gras auf einem Bauernhof oder der Duft nach Zitronenlimonade bei einem lustigen Kindergeburtstag?

Versuche dir jetzt, diesen Duft vorzustellen.

Atme tief durch die Nase ein...

Hast du ihn?

Gut.

Dann bist du in der Lage, den Duft „abzurufen".

Übe den Umgang mit dem Duft: Wenn du im Stress bist, schlechte Laune oder trübsinnige Gedanken aufziehen, kannst du an diesen Duft oder einen der Düfte denken und in schöne Erinnerungen tauchen. Die negativen Gedanken werden weniger und der Duft zaubert dir ein Lächeln auf die Lippen.

Ich mag den Duft von Zitrusfrüchten und habe mir angewöhnt, diesen Duft als beruhigend wahrzunehmen. Das
Gleiche mit einem Hauch Vanille. In meinem Büro habe
ich ein Spray, das ich in die Luft oder die Gardinen sprühe.

Der Tod ist Teil des Lebens

Beim ersten (mir bewussten) Todesfall in der Familie, als meine Tante starb, war ich 18, bei meiner Oma väterlicherseits 19, als mein Vater starb 24 Jahre alt und 28 Jahre beim Tod meiner Mutter. Das war die schlimmste Zeitspanne in meinem Leben, die einige Jahre andauerte und zu mir dazugehört. Diese Jahre und Schicksalsschläge haben mich geprägt, aber ich bin dabei nicht untergegangen. Rückblickend habe ich das ganz ordentlich gemeistert.

Am Schlimmsten war der Verlust meiner Eltern und ich war sehr froh, dass ich an dieser Stelle schon Etliches erlebt, positiv durchgestanden und überwunden hatte. Das Leben hatte mich, zumindest etwas, auf diese schweren Zeiten vorbereitet, weshalb ich in diesem Buch auch etliche dieser - für mich vorbereitenden - Geschichten und Erlebnisse erzähle, um dich daran teilhaben zu lassen.

Tod meines Vaters

In diesem Jahr studierte ich gerade in Straßburg, Frankreich, um meinen Abschluss im Fach Marketing zu machen. Ich war ein paar Tage zum Lernen zu Besuch bei meinen Eltern gewesen und wollte das Wochenende bei meinem damaligen Freund in München verbringen. Mein Vater brachte mich freitags zum Bahnhof, wir verabschiedeten uns voneinander und er versprach, dass er mich am

Montag wieder vom Bahnhof abholen würde. Das war ein Versprechen. Wir hatten eine Verabredung!

Jedenfalls holte er mich nicht ab. Denn er verstarb am Sonntagabend.

Ich konnte es jahrelang nicht fassen, dass mein Vater sterben konnte, während ich im Kino saß und entspannt einen Film[3] schaute (diesen Film habe ich seither nie mehr angeschaut, wenn er im Fernsehen lief).

Wir kamen nach dem Kino am Sonntagabend zurück in die Wohnung und der Anrufbeantworter zeigte an, dass von der Rufnummer meiner Eltern aus, schon öfter angerufen worden war. Auf dem Anrufbeantworter war nur ein schnaufendes Geräusch meiner Mutter, das mir alleine schon genügte, um sämtliche Alarmglocken zum Sturmheulen zu bringen. Also rief ich sofort an. Meine Mutter: „Der Papa ist tot." Ich brach augenblicklich in Tränen aus und brachte kein Wort mehr hervor. Das war ein unglaublich schmerzhaftes Gefühl. Ein Gefühl der Ohnmacht. Ein Gefühl, dass innerhalb einer Sekunde meine ganze Welt nicht mehr die Gleiche war wie zuvor. Zack, unwiederbringlich weg. Ende. Aus! Ich brach zusammen mit dem Hörer in der Hand. Mein Freund stand daneben und wollte wissen, was eigentlich passiert sei. Ich konnte kein Wort

---

[3] White Squall - reißende Strömung. In diesem Film tritt eine viele Meter hohe Wasserwand im Meer auf, die ein Segelboot verschlingt. Und die Hauptdarstellerin ist dabei im Innern des Bootes eingeschlossen und geht mit dem Schiff unter. Diese Thematik ist für mich an sich schon fast nicht verkraftbar. In Verbindung mit dem (zeitgleichen) Tod meines Vaters nicht mehr auszuhalten.

mehr sprechen, so schlimm war das. Und dass ich nichts gespürt habe. Das empfand ich als unbegreiflich. Er starb und ich konnte es nicht fassen, dass da kein Band war, dass ich genau in dem Moment etwas gefühlt hätte. Irgendwie fühlte sich alles falsch an.

Wir erfuhren dann, dass meine Mutter unmittelbar bei unserem Hausarzt angerufen hatte und ihm sagte: „Der Fritz atmet nicht mehr." Dieser Satz brannte sich in meine persönliche Festplatte ein. Unser Hausarzt, der jahrzehntelang die ganze Familie begleitet hatte und ein Tennisfreund meines Vaters war, kam sofort und stellte nur noch den Tod fest.

Und es war wohl eben Herzversagen, aber auch Multiorganversagen. Der Körper hatte genug und konnte nicht mehr. Daher machte ich auch ziemlich schnell meinen Frieden, dass niemand wiederbelebt hatte. Das war in Ordnung und hätte wahrscheinlich eh nichts außer Leid und Verzögerung gebracht. Aber diese Erkenntnis musste erstmal über Jahre hinweg in mir reifen.

Zurück nach München: Mein Vater war tot und ich saß in München. Und jetzt kommt der Hammer: Mein damaliger Freund war Unternehmensberater und für gewöhnlich von Montag bis Donnerstag beim Kunden mit 80 bis 100 Stunden Arbeitszeit pro Woche. Nach dem Telefonat konnte ich nicht aufhören zu weinen. Er versuchte zwar, mich zu trösten, erklärte mir aber irgendwann am späteren Abend, dass er jetzt ins Bett müsste, da am nächsten Morgen der Flieger um 5:30 Uhr ginge. Er müsste dafür schlafen, da er früh aufstehen müsste. Gesagt, getan. Er legte sich ins Bett und schlief. Machte sich in der Früh fertig, ging zum Flieger und dann zum Kunden. Er verschwendete keinen Gedanken daran, bei mir zu bleiben und mit mir nach Hause zu fahren[4]. Das kam ihm nicht in den Sinn und ich war zu verwirrt, um danach zu fragen beziehungsweise das einzufordern. Ich hatte eine furchtbare Nacht und der Vormittag lag wie im Nebel. Ich habe keine Ahnung wie ich es zum Bahnhof und in den Zug schaffte. Ich weiß nur, dass ich die ganze Zeit über vor mich hin geweint habe und sogar als Nichtraucherin in einem Raucherabteil gelandet war und nicht die Kraft hatte, mir einen anderen Platz zu suchen. Während der ganzen Fahrt drehten sich meine Gedanken darum, dass er versprochen hatte, mich abzuholen und dass er sein Versprechen jetzt nicht einhalten konnte (Ich glaube, unser Gehirn verfällt dann in eine Art Schutzmechanismus, um nicht vollends durchzudrehen).

Am Bahnhof erwartete mich meine Mutter. Es war furchtbar. Sie sah am Bahnsteig klein, winzig und irgendwie eingefallen aus. Wir schafften es gerade so nach

---

[4] Etliche Jahre später sah ich ihn auf einer Trauerfeier wieder und hoffte auf ein klärendes Gespräch, das mir sehr gutgetan hätte. Jedenfalls suchte ich immer wieder seinen Blick und ging auch in die Nähe. Er war nur leider jedes Mal im Gespräch. Und irgendwann - ich kann es noch nicht fassen - ging er einfach. Er stürmte aus dem Raum, ich sah es zwar, hatte aber keine Chance, in angemessenen Schritten hinterher zu kommen. Ich hätte rennen müssen und das war in diesem festlichen Rahmen keine Option. So war diese Chance leider vertan…

Hause und fühlten uns verloren. Meine Schwester kam zu Besuch und wir heulten wie die Schlosshunde. Da musste ganz viel raus. Wir waren wie gelähmt und nur schwer fähig, etwas zu erledigen.

Und wer schon mal einen Trauerfall hatte weiß, wieviel dann zu tun ist. Das hält einen auf Trab, denn es müssen so viele Entscheidungen getroffen werden, die niemand auf der ganzen Welt treffen will. Zum Glück unterstützte uns ein Onkel tatkräftig, der seinen großen Bruder verloren hatte, so dass es etwas leichter für alle ging.

Ich kann mich auch noch gut erinnern, dass wir eine Flut an Trauerkarten erhielten und es war ein kleines Ritual zwischen meiner Mutter und mir, dass wir diese nur gemeinsam öffneten. Das tat sehr gut, die Anteilnahme vieler Menschen zu erfahren. Mein Vater war in dem Ort geboren und wohnen geblieben und somit sehr bekannt. Und es tat gut, dass er auch anderen Menschen fehlte.

Zeit bis zur Beisetzung

Ein Todesfall reißt einem aus allem heraus, zerschneidet das Band zu Gewohntem und stößt einen in völlig neue, nie dagewesene Bahnen. Man muss schauen, wie man damit klarkommt, ob man will oder nicht. Der Tod scheint unwirklich und man kann es gar nicht so recht fassen. „Das kann doch jetzt gar nicht sein", habe ich mehr als einmal gedacht. Vor allem die Zeit bis zur Beerdigung fühlt sich unwirklich und verschwommen an. Es gibt einerseits viel zu regeln und zu entscheiden. Andererseits kann man es kaum glauben, will es nicht wahrhaben, so dass es eine Art Schwebezustand ist.

In der Zeit sind gefühlt alle Menschen für dich da, denken an dich und wollen helfen. Der eigentliche Einbruch kommt nach der Beerdigung, wenn die richtige Trauerarbeit beginnt und du die neue Realität finden und akzeptieren musst. Das ist unfassbar schlimm und es ist so viel bürokratische Arbeit zu erledigen.

Zudem stand ich vor meinen Abschlussprüfungen in Frankreich und war mir einige Zeit gar nicht sicher, ob ich da überhaupt hingehen konnte. Manchmal fiel es mir dermaßen schwer vor anderen Menschen auszusprechen, dass mein Vater verstorben war, dass ich direkt in Tränen ausbrach und keinen Ton herausbrachte. Ich schaffte auch den Anruf an der Uni nicht, um den Trauerfall mitzuteilen und anzukündigen, dass ich eventuell die Prüfungen nicht ablegen konnte. Das musste meine Mutter erledigen.

Mein Vater verstarb Anfang Mai und die Prüfungen waren Mitte bis Ende Mai. Ich hatte also die Wahl, mich zusammenzureißen und die Prüfungen zu erledigen oder nicht anzutreten und im Herbst zu Nachprüfungen zu gehen.

Also riss ich mich zusammen und ging eine Woche nach der Beerdigung wieder an die Uni. Diese folgende Prüfungszeit verlangte mir alles ab. Es war unglaublich hart und ich war dermaßen nah am Wasser gebaut, dass ich ab und zu heimlich weinen musste und wirklich allen Mut brauchte, jeden Morgen aufs Neue aufzustehen und mich an die Uni zu schleppen. Täglich stand ich auf, ging hin und absolvierte eine Prüfung. Jeden Tag und das gelang mir auch recht gut, da ich in eine Art Automatik-Modus schaltete und nur funktionierte. Ich legte alle Prüfungen bis auf eine ab: An dem Tag - das weiß ich wie heute - war es mir zu viel. Da hatte ich vormittags bereits eine Prüfung absolviert und sollte nachmittags noch eine schreiben. Da war leider der Ofen aus und ich gab - das erste und einzige Mal in meinem Leben - ein weißes Blatt Papier ab. Allerdings wusste ich, dass ich im Herbst diese Prüfung nochmals schreiben konnte, so dass es ein kalkuliertes Risiko war.

Ich bin stolz, dass ich unter diesen wirklich schweren Bedingungen das Examen mit einer guten Note schaffen konnte. Das gab und gibt mir Stärke und zeigte mir, dass ich vieles schaffen kann, wenn ich wirklich will und mich reinhänge. Ich kann mich durchbeißen und zumindest teilweise auf Automatik schalten. Das zu erreichen gab mir auch Kraft für weitere folgende schwere Krisen und auch für mein deutsches Examen, was mich auch an den Rand meiner Möglichkeiten brachte.

Das habe ich getan, um das tiefe Tal zu überwinden:

* Der Tod kam so plötzlich und ich fiel in ein tiefes Loch. Allerdings saß ich bei dieser Krise nur sehr kurz in der tiefen **Phase der Lähmung**. Denn ich habe zunächst nur funktioniert. Ich wollte für meine Mutter so stark wie möglich sein. Ich hatte die Prüfungen zu absolvieren. Es gab viele Verwandte (mein Vater hatte schließlich sieben Geschwister) um uns herum und ich musste viel erledigen, so dass sich die **Phase der Aktivität** schnell anschloss. Akzeptieren musste ich das eh...

* Viele Menschen kamen auf mich zu und boten Gespräche an (**Phase der Umwelt**). Ich begann damals auch wieder in die Kirche zu gehen, weil der Pfarrer seht gut predigte und ich daraus inhaltlich viel für mich mitnehmen konnte.

* Die **Phase der Chance** rückte hier etwas nach vorne. Denn ich riss mich am Riemen und absolvierte die Prüfungen. Ich habe es versucht, die Chance ergriffen und es hat geklappt.

* Die **Phase des Heraustretens** kam bei mir mit vielen Büchern zum Thema Abschied und Trauerbewältigung. Zudem habe ich versucht, viel mit meiner Mutter zu unternehmen wie Ausstellungen besuchen und auch Freundinnen zu treffen (Mehr im zweiten Teil des Buches bei der LAUCH-Methode).

Der Tod ist Teil des Lebens

Tod meiner Mutter

Meine Mutter und ich hatten ein sehr enges und vertrautes Verhältnis und telefonierten in den letzten Jahren täglich. Unser Verhältnis war nicht immer einfach, aber nach dem Tod meines Vaters wuchsen wir sehr eng zusammen und bildeten eine innige Gemeinschaft.

Das Leben meiner Mutter war insgesamt nicht leicht gewesen. Mit Jahrgang 1941 hatte sie, mitten im Krieg geboren, bereits einen schwierigen Start ins Leben. Ihre Mutter, meine Oma, kam im Krieg gut mit deutsch-französischen Übersetzungen durch und genoss auch die Freiheit, Arbeiten zu gehen. Meine Mutter störte dabei, da meine Oma arbeiten wollte.

So kam meine Mutter die ganze Schulzeit hindurch nach Straßburg zu ihrer Oma. Dort ging es ihr verhältnismäßig gut, da das Elsass Kriegsgewinner und die wirtschaftliche Lage besser als in Deutschland war. Es verursachte aber eine tiefe Zerrissenheit, da sie nie genau wusste, wohin sie eigentlich gehörte. In Deutschland was sie „der Franzos" und im Elsass „die Dütsche".

Nach dem Tod meines Vaters, als sich die akute Trauer gelegt hatte, blühte meine Mutter ziemlich auf. Denn nachdem sie zwölf Jahre dreimal die Woche den halben Tag mit Heimdialyse verbracht hatte und sich der ganze Tagesablauf, das gesamte Leben danach ausgerichtet hatte, konnte sie jetzt endlich tun und lassen, was sie wollte. Klar, es war schwer ganz alleine und es dauerte, bis sie sich daran gewöhnt hatte, nach mehr als 30 Jahren Ehe. Glücklicherweise fand sie Freundinnen und kam gut herum, was ich klasse fand. Manchmal ging ich sogar mit auf eine Vernissage oder eine gemeinsame kleine Reise.

Bis dann die Diagnose Krebs gestellt wurde. Das traf mich sehr, denn das Leben, das meine Mutter genau zu dieser Zeit führte, hatte ich mir für sie gewünscht: Freiheit, Zeit für sich selbst nach all den Jahren der Heimdialyse (dazu später mehr), Ausgehen mit Freundinnen, einfach LEBEN.

Ich bin so froh, dass ich die Idee und die Courage hatte, mir Hilfe zu besorgen. Denn mit wem sollte ich auf Dauer reden. Die Begleitung meiner Mutter in der Krankheit dauerte schließlich viele Monate. Freunde und Partner hören gerne zu und sind hilfsbereit. Irgendwann sind deren Geduld und Kapazitäten allerdings erschöpft und sie können die ewigen Wiederholungen nicht mehr ertragen, da es zu viel wird.

Ich jedenfalls hatte das Glück, einen Psychologen zu bekommen, dem ich einmal pro Woche mein Herz ausschütten konnte und der mich in der Vorbereitung auf den Tod und während der Trauerzeit begleitet hat. Das war sehr gut und dies würde ich auch weiterempfehlen.

Leider war uns von der Diagnose bis zum Tod nur noch ein starkes Jahr vergönnt und ich fühlte mich vom Leben betrogen. Das war nicht fair. Andere Menschen hatten auch Krebs, standen ihn durch und lebten dann noch viele Jahre weiter. Warum konnte das bei uns nicht auch so sein? Das ließ mich schier verzweifeln. Das Leben war ungerecht. Nach all den schwierigen Jahren, die bereits hinter uns lagen, dann auch noch das. Meine Mutter verstarb mit 59 Jahren – einfach viel zu jung!

Und ich musste schauen wie ich damit klarkam, ohne unterzugehen. Ich begann nach der Uni meine erste Arbeitsstelle gleich unter sehr schwierigen Umständen, da die Krebsbehandlung meiner Mutter mein ständiger Begleiter war. Ich fuhr an den Wochenenden viel nach Hause, um ihr bestmöglich beizustehen und hatte manchmal Mühe, konzentriert bei der Sache zu bleiben.

Das ist auch für Außenstehende, beziehungsweise Menschen, die noch nie einen sehr nahestehenden Menschen bis zum Ende begleiten mussten oder verloren haben, nicht vorstellbar. Das kann man nicht nachfühlen, wie sich dieser Verlust anfühlt.

Mir hat es sehr gutgetan, dass mein Mann sehr viel an meiner Seite war und ein offenes Ohr hatte, mein Weinen mitgetragen hat und sehr mitfühlend war. Jedem in dieser Situation würde ich empfehlen, sich psychologische Begleitung oder einen Coach zu suchen, wenn das Gefühl der Hilflosigkeit, des Verlustes zu groß wird. Das hilft beim Verarbeiten und Loslassen.

Rückblickend kann ich sagen, dass es das Schlimmste war, was mir in meinem Leben passiert ist. Aber der Spruch: „Die Zeit heilt Wunden" hilft tatsächlich und es wird leichter.

Das habe ich an dieser Stelle fürs Leben gelernt:

- Ich habe in der Zeit gelernt, dass es unheimlich wichtig ist, von Familie und Freunden umgeben zu sein und so ein Netz zu haben, das trägt. Es gibt auch Trauergruppen und Selbsthilfeeinrichtungen, die unterstützen können, falls es nötig ist.
- Ich habe gelernt, dass ich Dinge schaffen kann, die mir vorher als unmenschlich erschienen wie zum Beispiel ein Examen zu schreiben, nachdem mein Vater gerade mal zwei Wochen vorher verstorben war.
- Ich habe gelernt, dass ich auch mal Verantwortung abgeben darf und nicht alles selbst tragen muss.
- Ich habe gelernt, dass ich als Mensch viele Kraftquellen habe und diese auch anzapfen kann.
- Der menschliche Körper ist ein Wunderwerk und kann funktionieren, wenn man es zulässt. Zwar nur eine begrenzte Zeit (eben für die Prüfungen

oder andere extreme Situationen), aber das hat funktioniert und mich gelehrt, dass es möglich ist.

- Wenn ich das kann und konnte, dann kannst du das auch!
- Trauer und Schmerz werden weniger. Sie verblassen. Gehen aber nie komplett weg. Der Verlust gehört zum Leben dazu. Man kann aber lernen, damit umzugehen, den Schmerz und die Trauer anzunehmen.

Der Herr ist mein Hirte, Psalm 23

Der HERR ist mein Hirte, mir wird nichts mangeln.
Er weidet mich auf einer grünen Aue und führet mich
zum frischen Wasser.
Er erquicket meine Seele.
Er führet mich auf rechter Straße, um seines Namens
willen.
Und ob ich schon wanderte im finsteren Tal, fürchte
ich kein Unglück;
denn du bist bei mir, dein Stecken und Stab trösten
mich.
Du bereitest vor mir einen Tisch im Angesicht meiner
Feinde.
Du salbest mein Haupt mit Öl und schenkest mir voll
ein.
Gutes und Barmherzigkeit werden mir folgen mein
Leben lang,
und ich werde bleiben im Hause des HERRN immer-
dar.

Das Leben bereitet uns vor

„Verstehen kann man das Leben rückwärts; leben muss man es aber vorwärts."
SÖREN KIERKEGAARD

Wie mein Leben begann

Entweder wäre ich gar nicht auf der Welt oder wir wären drei Schwestern. Ich gehe aber eher davon aus, dass es mich gar nicht gäbe, wenn meine Schwester lebte.

Leider ist meine zwei Jahre ältere Schwester einige Tage nach ihrer Geburt verstorben. Das ist furchtbar schlimm und unheimlich traurig. Aber diese Krise, die ich selbst gar nicht aktiv miterlebt habe, gehört zu meinem Leben und dem Familienleben dazu. Denn Christine, so hieß das Kind, war meine gesamte Kindheit über ein Teil des Familienlebens. Sie hatte ein kleines Kindergrab auf dem Friedhof mit einem schönen weißen Kreuz und seit ich denken kann besuchten wir sie und pflegten regelmäßig ihr Grab. Als Kind habe ich auch mit ihr gesprochen, obwohl ich ihr nie begegnet war. Aber ein Gang zum Friedhof war ein Besuch meiner Schwester.

Dass ich wahrscheinlich nie geboren worden wäre, wenn sie gelebt hätte, diese Erkenntnis kam mir erst im Erwachsenenleben, denn über Themen dieser Art wurde nie zu Hause gesprochen.

Nachdem meine Eltern meine mittlere Schwester verloren hatten, war ich jedenfalls ein absolutes Wunschkind, das unbedingt zur Welt kommen sollte. Und dann bekam meine Mutter im sechsten Monat Wehen und eine so frühe Geburt war damals für das Überleben eines Babys unmöglich. Daher wurde ihr absolute Ruhe und keinerlei Bewegung verordnet, damit ich heranwachsen konnte. Stell dir das mal vor. Sie lag drei Monate im Bett und durfte überhaupt nicht aufstehen. Ja, sie musste danach wieder das Laufen lernen, da die Muskulatur erlahmt war. Und zur Beruhigung bekam sie regelmäßig das Beruhigungsmittel Valium, damit sie das Herumliegen überhaupt aushielt. Ich denke mir manchmal, dass es an ein Wunder grenzt, dass ich keine Schäden davongetragen habe. Glück gehabt, kann ich da nur sagen!

Und als ich dann da war, gings ans Namen vergeben. Und da legte man sich richtig ins Zeug. Es sollte ein relativ einzigartiger Name sein und es wurde Astrid! Mein Vorname Astrid wurde im Badischen ganz wunderbar gedehnt (Aschdrid), so dass ich, vor allem im Kindergarten, unter dem Namen ziemlich zu leiden hatte. Das hat mir damals echt weh getan.

Mein Kindergarten war im Nachbarort und ich bin täglich zweimal (morgens und nach dem Mittagessen zu

Hause nochmal) mit dem Bus dahin gebracht worden. Ich habe es an manchen Tagen als „Spießrutenlaufen" in Erinnerung: Wenn ich in den Bus kletterte und mit Arschtritt namentlich und zum Teil auch mit Tritten begrüßt wurde. Glaub mir, es war hart im Alter von drei bis sechs Jahren. Und meine beste Freundin war nicht mit im Bus und hätte mir helfen können, da sie dort im Ort wohnte und zu Fuß gebracht wurde. Das setzte mir teilweise dermaßen zu, dass ich gar nicht mehr Busfahren wollte. Meine Eltern zogen es aber durch, da sie keine Zeit hatten, mich zu Hause zu beaufsichtigen und ich einfach in den Kindergarten gehen sollte. Also musste ich da halt durch. Irgendwie...

Aber ich weiß noch, dass es mir irgendwann nichts mehr ausmachte, ich cooler damit umging und es dann für die Kinder auch nicht mehr so interessant war, so dass es deutlich weniger wurde. Es stärkte jedenfalls bereits damals meine Resilienz, die mir bis heute (mehr oder weniger ausgeprägt) zur Verfügung steht.[5]

Das hat mir das Leben bereits früh mitgegeben:

- **Kinder können echt fies sein.** Aber ich lernte, dass so ziemlich jede (auch schlimme) Phase im Leben irgendwann vorbei geht und die anderen die Lust an einer Sache verlieren, wenn man selbst gelassener damit umgeht.

---

[5] Mehr zu Resilienz findest du im hinteren Abschnitt des Buches, wenn dich das interessiert.

- **Zeit hilft.** Dass sich Kinder (Menschen) auf andere Themen verlagern, wenn sie älter werden und übertragen auf unser gesamtes Leben, eben jede Sache ihre Zeit hat und vorbeigeht.
- **Nimm Dinge an und halte sie aus**, wenn du sie nicht ändern kannst (wie beispielsweise einen Vornamen, einen Todesfall oder Verlassenwerden).
- Ein **unterstützendes Umfeld** ist Gold wert, egal in welchem Alter man ist.

Rituale geben uns Sicherheit

Im Kindesalter hatte ich meine Großeltern mütterlicherseits und die Mutter meines Vaters.

Als Kind habe ich deren Geschichten geliebt und mir ganz viel erzählen lassen. Damals war mir überhaupt nicht bewusst, wie wichtig Geschichten aus dem Leben für Kinder bzw. Enkelkinder sind. Wie prägend sie für mich waren, fand ich erst viel später heraus.

Daher ist es so schade, wenn Kinder heutzutage keine Familiengeschichten oder Märchen erzählt bekommen. Meine Oma hat mir jedenfalls sehr viele Märchen mit großer Geduld immer wieder erzählt.

Während ich mich mit diesem Buch beschäftige, kommen viele vergessen geglaubte Gesprächsfetzen und damals gelebte Rituale in mir hoch. Und das alles bereitet uns von Kindesbeinen an auf unser Leben und die Krisen vor, die jedes Leben so mit sich bringt. Wie resilient wir damit umgehen, hängt mit unserer ureigenen Struktur zusammen, aber viel auch mit Gelerntem, Übernommenem und Abgeschautem.

Mein Appell an alle Menschen mit Kindern:

- Baut Ansprechpartner für die Kinder auf, damit sie vielfältige Ansichten und Meinungen von klein auf miterleben.
- Schafft Bezugspersonen für sie, damit sie ein gutes Umfeld haben.
- Sucht das Gespräch zu euren Kindern und tauscht euch aus.
- Lasst den Gesprächsfaden nie abreißen.
- Geht nach einem Streit wieder aufeinander zu. Einer muss den Anfang machen. Gebt eigene Erfahrungen weiter.
- Wenn sie keine eigenen Erfahrungen mit Vorfahren machen können, dann gebt eure Erfahrungen aus zweiter Hand an sie weiter. Auch das wirkt.
- Schafft Rituale. Sie geben gefühlte Sicherheit.

Bis zum Ende der Grundschule habe ich relativ regelmäßig Zeit bei meinen Großeltern verbracht. Meistens in den Sommerferien drei Wochen und mit meiner Mutter war ich etwa einmal pro Woche dort. Nicht zu vergessen bei zahlreichen Familienfeiern. Ich genoss die Zeit in den Sommerferien sehr, weil ich verwöhnt und in den

Mittelpunkt gestellt wurde und eben viele Geschichten und Märchen erzählt bekam.

Während meine Oma das Mittagessen zubereitete war ich meistens mit in der Küche und wollte unterhalten werden. Es gab in dieser Küche ein altes Sofa, ein Kanapee, wirklich hässlich und ausgeleiert, aber für mich als Kind das reinste Paradies. Darauf konnte ich mich lümmeln, wurde mit Leckereien bedacht, konnte schlafen und war doch in der Küche mit dabei. Ein Traum!

Unser „Lieblingsspiel" bei der Mittagessensvorbereitung: Meine Großeltern verbrachten pro Jahr regelmäßig mehrere Wochen im Frühjahr und Spätsommer auf einem Bauernhof im Elsass, um dort bei der Arbeit und Ernte zu helfen. Meine Großmutter half beim Kochen und mein Opa erledigte Arbeiten, die gerade anfielen. Auf diesem Bauernhof ging alles in sehr geregelten Bahnen vor sich, das Essen hatte um Punkt 12 Uhr auf dem Tisch zu stehen und es wurde in der Ernte- beziehungsweise Sommerzeit täglich für mehr als 25 Personen gekocht. Das konnte ich mir als Kind kaum vorstellen.

Jedenfalls hatten wir „unser Spiel": Ab halb Zwölf wollte ich ständig wissen, was parallel in der Küche auf dem Bauernhof gerade vor sich ging, was gearbeitet wurde. Das ging dann so: „Oma, was machen die um 11:35?". Dann die Oma: „In der Küche wird gerade die Salatsoße zubereitet." Ich: „Ah. Gut." Pause. „Du, Oma, was wird jetzt gemacht?" Dann die Oma: „Jetzt wird die Salatsoße lange verrührt, weil der dortige Opa das so gerne will."

Astrid: „Und jetzt?" Daraufhin die Oma: „Jetzt rufen sie eine Magd, damit sie den Tisch deckt." Ah. Ok. „Und jetzt?" Oma: "Jetzt wird die Suppe noch mal ganz heiß gemacht." Astrid: „Welche Suppe gibt's bei denen heute?" Oma:" Bei denen gibt es heute Nudelsuppe wie bei uns."
...

Das ging dann bis 12:00 Uhr bei uns in der Küche. Bis mein Opa aus dem Garten hoch kam und sich an den Tisch setzte.

Ich weiß noch, ich habe das geliebt und wirklich oft und regelmäßig „eingefordert". Das gab mir ein wohliges Gefühl, Teil einer großen Gemeinschaft zu sein. Ich glaube, mir tat auch die Ordnung gut. Das war zuverlässig, eben unser Ritual.

Ob es meine Oma genervt hat, weiß ich gar nicht mehr. Dieser Gedanke kam mir damals überhaupt nicht in den Sinn. Ich hatte Spaß! Sie hat geduldig mitgespielt und mir bereitwillig Auskunft gegeben. Es gab außer Kochen sonst nichts zu tun. Es gab damals kein Handy, das man checken musste oder sonst was. Es gab uns zwei, die gefühlt unendlich viel Zeit hatten und die sich unterhielten.

Ein anderes Ritual waren abendliche Spaziergänge mit meinem Vater oder beiden Eltern. Nach dem Abendessen ging es noch eine Runde durch den Ort oder in den benachbarten Schlossgarten. Dabei wurde über Erlebnisse am Tag gesprochen und wir blieben im Austausch. Denn selbst wenn man sich tagsüber nicht so oft gesehen hatte, wurde das abendliche Gespräch gepflegt.

Darüber hinaus hatte ich mit meiner Mutter das Ritual, dass wir am Buß- und Bettag die Weihnachtsbäckerei begonnen haben. Das war eine verlässliche Verabredung, auf die wir uns gemeinsam freuten und vorher bereits die Rezepte rausgesucht haben. All diese Rituale sind jetzt liebgewordene Erinnerungen, die auch mal über schwere Gedanken hinweghelfen und mich schmunzeln lassen.

> *„Am Ende des Tages zählt nur, dass ein schöner Moment dabei war, der dich lächeln ließ. "*
> *UNBEKANNTER AUTOR*

Das kannst auch du von meiner Oma fürs Leben mitnehmen:

- Es ist wichtig, Zeit zu haben und mal das Handy auszumachen. **Gemeinsame Zeit** ist wichtig und schafft Erinnerungen!
- **Etabliere Rituale in deinem Leben** und in der Familie, die Sicherheit vermitteln und Ruhe bringen. Routinen und Rituale geben Sicherheit -> Rituale haben mir geholfen. Man kann darauf

zurückgreifen, wenn das Leben aus der Bahn gerät (mehr dazu im hinteren Teil des Buches).

- Je größer der Vorrat an Liebe durch die Familie, desto besser, denn Familienbande stärken fürs Leben.
- Sie versuchte, das Leben gelassen zu sehen und hatte ein gewisses „**Laissez faire**", was zwar für uns Familie oft anstrengend war, insgesamt aber sehr cool ist. Ich denke sehr gerne an sie und ihre coole, schräge Art zurück und frage mich manchmal: „Was würde Oma jetzt tun? Wie würde sie entscheiden?" Meistens lässt mich das schon Grinsen. Und die eine oder andere gute Idee, die mich dann weiterbringt. Vielleicht dir auch?
- Ein anderer Ausspruch, den sie regelmäßig brachte: „**Ich bin Nihilist. Ich nehme das Leben wie es kommt**". Sie hatte zwei Weltkriege überlebt, war zwischen Frankreich und Deutschland aufgewachsen und machte eben das Beste aus allem.
- Ich hatte als Studentin mal längere Zeit eine angebrochene Flasche Wein im Kühlschrank: „Du, Oma, kann Wein schlecht werden?"
  Sie: „Nein, Alkohol verdirbt nie." Klar. Bei ihr wurde keine Flasche schlecht. Denn sie vertrug so viel wie sonst niemand bei uns in der Familie und wenn etwas geöffnet im Kühlschrank stand, dann musste das weg... Bei mir wurde eine Flasche Wein auch schon mal sauer. Also: Nimm das Leben, wie es kommt!
- Mein Opa war bei einer Studentenverbindung. Dort feierten die beiden leidenschaftlich bei jedem Stiftungsfest mit. Bis ins hohe Alter. Und waren

meistens nicht bei den ersten, die das Fest verließen. Lebenslust, das konnte man von beiden gut abschauen. Also: **Feste feiern, wenn sie sich bieten!**

- Leckere Sachen nicht „sparen", sondern mit Freude und Genuss aufessen. Nur Dinge, die ich besonders gerne mochte, die hob sie für mich auf. Zur Himbeerzeit gab es frische Himbeeren, wenn ich meinen Besuch angekündigt hatte. Das fand ich klasse und genoss es, von der Oma verwöhnt zu werden - auch wenn es Kleinigkeiten waren.

- „Wer gückt denn uff disch?" (Wer schaut schon auf dich?). Das sagte sie immer wieder und es prägte sich bei mir ein. Das nahm mir einerseits manchmal etwas den Mut, dass ich keine Beachtung finde, nichtssagend und umdeutend war. Sie meinte es im Zusammenhang mit einem Loch in der Hose. Ich schämte mich sehr mit der kaputten Hose und sie wollte mich aufbauen.

Positiv im Sinne von, „Das geht schon so wie es ist". Es muss nicht perfekt sein. Wenn ein irgendwo ein Fleck oder ein Loch ist, geht das trotzdem. Die Welt geht deshalb nicht unter. Der Fleck beträgt nicht einmal 1% der Kleidung. Der Rest ist in Ordnung.

Prägung in der Jugendzeit

Oma väterlicherseits, alleinerziehende Mutter mit acht Kindern

Sie war, seit ich mich erinnern kann, schon so richtig im Oma-Alter. Jedenfalls ist ihre Lebensleistung beachtlich und heute fast nicht mehr vorstellbar: Sie bekam während und vor dem zweiten Weltkrieg acht Kinder in elf Jahren. Und kurz darauf fiel ihr Ehemann im Krieg. Sie saß dann da mit acht Kindern und war alleine. Mein Vater als Ältester musste früh ran und mit für die Familie sorgen. Einfach, damit alle zu Essen hatten und überlebten.

Sie konnte ganz toll backen und bei ihr gab es die besten Weihnachtsplätzchen der Welt. Natürlich hatte sie keine aufgeschriebenen Rezepte oder so. Irgendwann baten wir sie, doch die Rezepte aufzuschreiben oder ich setzte mich sogar daneben und versuchte, mit Müh und Not irgendwie zu notieren, wieviel von was in den Teig wanderte. Jedenfalls war es faszinierend, dass wir dann Plätzchen mit dem eigentlich gleichen Rezept machten, es aber unterschiedlich schmeckte, die Konsistenz und vor allem die Farbe der Lebkuchen komplett anders war.

Und meine Oma brauchte kein Rührgerät. Das hat mich unendlich fasziniert. Sie backte einen Kuchen und schlug den kompletten Teig mit einem Schneebesen oder Kochlöffel. Oder knetete Hefekuchen mit den Händen.

Ihre Aussage: „Was glaubt ihr, wie ich früher das Brot - täglich!! - für meine acht Kinder gebacken habe? Das ist hier ein Klacks. Einen Kuchen zu backen mit so wenig Teig." Die Brote früher waren mit ein bis zwei Kilo Mehl. Also eine Riesenmenge an Teig, die da aus dem Arm heraus bewegt wurde. Faszinierend...

Ich konnte sie jederzeit um einen Lebensrat fragen. Bei Liebeskummer oder sonst was. Sie hat zugehört und war für mich da. Und selbst wenn sie keine Antwort hatte, tat es gut, es loszuwerden und jemandem zu erzählen.

Papa

Mein Vater war ein Vorkriegskind, der Älteste von den acht Geschwistern und gerade zehn Jahre jung als der zweite Weltkrieg begann. Er musste in diesem zarten Alter schon voll zu Hause mithelfen, damit die Familie überleben konnte. Er hatte eine schwere verantwortungsbeladene Jugend und der Besuch eines Gymnasiums war nicht vorstellbar, so dass er eben die Hauptschule besuchte, um nebenher arbeiten zu können. Nach einer Lehre als Maurer machte er das Abitur in der Abendschule und studierte anschließend Bauingenieurswesen.

Er war ein sehr korrekter, geradliniger, ehrlicher Mann, der mit seiner Meinung allerdings auch nicht hinter dem Berg hielt. Deswegen war er von manchen Menschen etwas gefürchtet, mit manchen diskutierte er hart, aber die Achtung in seinem Umfeld war ihm sicher. Dabei wurde er öfter um Rat gefragt, was mich als Kind und Jugendliche furchtbar stolz machte.

Er war als Statiker sehr gewissenhaft und konnte so manche Nacht nicht schlafen, wenn er gerade eine Brücke oder ein Schulhaus berechnete. Ihm ging dann stets die Verantwortung für die Menschen im oder auf dem zukünftigen Bauwerk nach. Und - er rechnete bis Anfang der 90er Jahre ohne Computer. Nur mit Taschenrechner und einem kleinen Magnet-Rechner, der mit Kärtchen und Mini-Programmen funktionierte. Das hat mich ohne Ende fasziniert, wie man solch komplexe Themen ohne Computer berechnen konnte. Ich weiß gar nicht, ob ich ihm das jemals gesagt habe. Ich glaube nicht, was mich traurig macht, denn das hätte ihm sehr gutgetan. Jedenfalls lernte ich von ihm Verantwortungsbewusstsein und Fürsorge für andere, womit ich bislang recht gut durchs Leben kam.

Das kannst auch du von meinem gewissenhaften Papa und seiner Mutter lernen:

- Mit Rechtschaffenheit und Genauigkeit kommt man ans Ziel.
- Gib niemals auf. Mach weiter und suche nach Lösungen.
- Klage nicht, übernimm Verantwortung.
- Wenn es hart kommt, vergleiche deine Situation mit dem, was andere schon bewältigt haben. Dann sieht es gleich wieder besser aus.
- Bewahre Traditionen und Andenken.

Alles dominierende Heimdialyse

Meine Jugend war nicht gerade das, was man Standard nennt: Von meinem 12. Lebensjahr bis zu meinem 24. Lebensjahr, also 12 Jahre lang, drehte sich bei uns zu Hause alles um Blutwäsche. Mein Vater war Nierenpatient und dann dialysepflichtig, was dann bei uns zu Hause durchgeführt wurde, damit er nicht dreimal pro Woche für sechs Stunden in eine Klinik musste. Meine Mutter hatte etwa ein halbes Jahr lang in einem Klinikum gelernt, wie sie die Dialyse bei uns zu Hause durchführen konnte. Was für eine immense Verantwortung. Aber das wurde mir erst im Laufe der vergangenen Jahre bewusst. Sie stand jedes Mal unglaubliche Ängste aus, bevor sie die beiden recht dicken Nadeln in den Unterarm meines Vaters stechen musste. Und das dreimal pro Woche...

Als klar war, dass die Nieren meines Vaters nicht mehr alleine arbeiten können und die Dialyse zur Pflicht wurde, sprachen wir in der Familie auch darüber, diese eben zu Hause durchzuführen. Denn so konnte mein Vater so lange wie möglich freiberuflich als Bau-Statiker tätig sein. Damals war es sonnenklar und das Normalste auf der Welt, dass meine Mutter das machen würde. Was das bedeutete, wie viele Ängste damit verbunden waren, war mir während der zwölf Jahre nur am Rande bewusst. Ich war als Jugendliche mit mir selbst beschäftigt und zweitweise war mir das eh alles zu viel.

Dialyse dominierte alles. Den Tagesablauf, die Wochenplanung, Urlaube, dass mich nie jemand irgendwo abholen konnte. Meistens war die Antwort: „Das geht gerade nicht wegen der Dialyse". Da kann man als „Pubertierchen" schon mal sauer werden und verständnislos reagieren, was manchmal zwischen allen Beteiligten schwierig war.

Erst später wurde mir Vieles klar: Meine Mutter erzählte mir nach dem Tod meines Vaters, wieviel Angst sie vor der Dialyse hatte und dass es im Laufe der Jahre schlimmer wurde, statt zur Gewohnheit zu werden. Sie baute eine regelrechte Phobie vor dem Stechen auf, was ich gut nachvollziehen kann. Denn während der Dialyse stecken zwei recht dicke Nadeln im Arm, um das Blut aus- und gereinigt wieder in den Körper einzuleiten. Die Blutwäsche findet komplett außerhalb statt und dauert eben je nach Blutmenge und Größe des Patienten dann 4 bis 6 Stunden. Damit das Blut einigermaßen fließen kann, sind die Nadeln verhältnismäßig dick. Und die Stelle am Arm vernarbt mit der Zeit sehr, da eben dreimal pro Woche punktiert wird. Somit war das Stechen in den Arm ein schwerer Job, der einiges an Entschlossenheit und Mumm erforderte.

Zudem ist es nicht gerade förderlich für eine Ehe: Meine Mutter hatte eine Riesenverantwortung für das Leben ihres Mannes, meines Vaters. Sie musste ihm dreimal die Woche große Schmerzen zufügen. Dabei verbrachten sie die ganze Woche über sehr viel Zeit miteinander, da mein Vater sein Ingenieursbüro bei uns im Haus hatte und meine Mutter wenig „eigene" Zeit hatte.

Das kannst du für herausfordernde Zeiten lernen:

- Sei auch mal selbstlos. Meine Mutter war es oft. Sie erledigte ihre Aufgaben und funktionierte einfach. Stellte sich hinten an. Das bewundere ich sehr und habe für mich aber gelernt, dass es ausgewogener sein muss. Sie hätte mehr Zeit für sich beanspruchen müssen.
- Unsere Zeit ist endlich. Widme geliebten Menschen mehr Zeit. Denn irgendwann ist es vorbei und nicht mehr nachholbar.
- Suche dir Entlastung und bitte auch mal um Hilfe.

Bleibende Erinnerungen

Nicht täuschen lassen (1)

Es gab auf unserer Spazierrunde, die wir oftmals abends noch drehten, ein Haus mit einem großen Hof zur Straße hin. Da parkten meistens viele Autos und es war immer etwas los. Das fand ich eindrucksvoll und war etwas neidisch. Denn bei uns war es meistens still und wir hatten wenig Gäste. Die machten permanent einen fröhlichen Eindruck und waren für mich in der Grundschulzeit eine Art Vorzeigefamilie, die mir nahezu „unverwundbar" erschien. Dann kam der Schock. Die Mutter bekam Brustkrebs und starb. Das blieb mir dauerhaft in Erinnerung, da es so unerwartet kam. Ich lernte, dass das eben zum Leben dazugehört, wirklich niemand gegen Krankheit gefeit ist und wurde dadurch schon ein ganz kleines bisschen auf meine eigenen noch kommenden Erfahrungen vorbereitet.

Das Leben ist Veränderung

Nicht täuschen lassen (2)

Bei uns zu Hause war der Alltag geprägt durch Pflichterfüllung, Arbeit, strikte Zeittaktung und Krankheit. Als ich in der sechsten Klasse war, kam eine neue Mitschülerin in meine Klasse. Sie waren aus Norddeutschland zugezogen, da der Vater damals die Leitung eines örtlichen Amtes übernahm, was mich total beeindruckte. Keine Ahnung warum. Aber ich fand an und in dieser Familie alles toll. Vor allem viel toller als bei uns zu Hause. Die kamen schon mal aus Norddeutschland (keine Ahnung woher. Norddeutschland war alles nördlich von Frankfurt) und hatten drei blonde, schicke Kinder. Die Frau war viel jünger als meine Mama. Und bei denen gab es nie Streit oder schlechte Laune, wenn ich dort war. Wenn ich da mal im Auto mitfahren durfte, lief Pop-Musik und nicht nur

Nachrichten. Gefühlt liefen bei uns ständig die Nachrichten. Ich hatte permanent bei denen das Gefühl, dass dort alles heller, schöner und besser sei...

Jedenfalls: Die Bilderbuchehe war irgendwann aus, sie ließen sich scheiden und zogen wieder weg. Das wars dann und öffnete mir echt die Augen. Später war ich geradezu dankbar für diese Erfahrung. Diese beiden Familien-Beobachtungen veränderten mein Weltbild, da ich merkte, dass man nicht alles für bare Münze nehmen sollte, was man so gemeinhin annimmt. Darüber hinaus wurde mir bewusst, dass bei uns zu Hause doch nicht alles so ganz schlecht ist. Denn zumindest war es verlässlich und konstant.

Diese beiden Erinnerungen sind mir stark im Gedächtnis geblieben, haben mich für den Rest meines Lebens geprägt und geholfen, mit so mancher schwieriger Situation besser zurecht zu kommen.

Das hat mich auf mein weiteres Leben vorbereitet:

- Lass dich nicht so leicht vom Schein nach außen trügen. Sei skeptisch, wenn eine Situation allzu perfekt anmutet.
- Es ist gar nicht so schlimm, wenn es mal Streit gibt. Das gehört dazu, so lange es nicht dauerhaft ist und sich wieder einrenkt.

Wobei ich sagen muss, dass sich meine Eltern zunehmend besser verstanden. Ich glaube, sie haben irgendwann kapiert, dass es ebenso mit weniger Konflikten und Ärgern geht. Sie begriffen, dass sie zueinander gehören, dass der eine den anderen in dieser schwierigen Situation eh nie verlassen kann und sie es sich dann auch so schön wie eben möglich machen können. Auch das habe ich aktiv miterlebt, beobachtet und fand es gut. Nur leider spät, da dieser Zustand nur wenige Jahre der langen Ehe war.

Mit dem Helikopter ins Krankenhaus

Als wir unseren ersten Computer bekamen, stellte mein Vater seine Bauingenieurs-Berechnungen um und nutzte ihn für die Arbeit. Ich durfte auch damit arbeiten und machte das fleißig. Ich werkelte also am Computer und plötzlich machte der Rechner keinen Mucks mehr. Mausetot. Oh! Ich hatte das teure neue Arbeitsgerät meines Vaters geschrottet, auf dem viele Spezialprogramme liefen, vor denen ich einen Riesenrespekt hatte. Ich war in Panik und telefonierte herum. Über den Freund eines Freundes konnte ich dann schließlich jemanden auftreiben, der das Teil wieder reparieren konnte.

Mein Vater war gerade im Krankenhaus, so dass ich auf mich alleine gestellt war und natürlich damit weder zu meiner Mutter noch zu meinem Vater rennen und diese nicht beunruhigen wollte. Durch den Krankenhausaufenthalt gab es gerade genügend andere Sorgen. Hinzu kam mein wirklich schlechtes Gewissen, da es schließlich meine Schuld war.

Ich schätze, ich war in der Oberstufe und hatte gerade so meinen Führerschein. Ich baute also den Rechner ab und fuhr damit zu meinem Freund und wir brachten den Rechner dann zur Reparatur. Handys gab es keine und nach bangen Stunden war der Rechner dann endlich wieder funktionsfähig, woraufhin ich überglücklich nach Hause fuhr. Entsprechend groß die Erleichterung, kein Riesenunglück beichten zu müssen.

Aber es kam dann noch wilder: Als ich in den Hof einbog, lief mir meine Mutter bereits aufgeregt entgegen. Sie hatte auf mich (und das Familienauto) gewartet. Denn am Nachmittag war mein Vater mit dem Helikopter nach Heidelberg geflogen worden. Er brauchte eine Not-Operation, für die es in Heidelberg einen Spezialisten gab.

Meine große Freude über die geglückte Reparatur des PC und die Erleichterung ging von einer Sekunde auf die andere in den Keller. Eine große Achterbahnfahrt der Gefühle an jenem Nachmittag, da es wirklich um Leben und Tod ging.

Da musste ich mich natürlich am Riemen reißen und tapfer sein, für meine Mutter mit tapfer sein.

Rückblickend weiß ich, dass ich damals hochgradig resilient gehandelt habe. Ich habe mich den Gegebenheiten angepasst, nicht unterkriegen lassen und einen kühlen Kopf bewahrt.

Lebenserfahrung durch Reisen

Ich habe das große Glück, dass ich in meinem Leben schon viel herumgekommen bin und bereits 43 Länder auf allen Kontinenten besuchen konnte - und ich will noch viel mehr reisen. Denn Reisen bildet, öffnet den Horizont, bringt mich auf neue Ideen und macht Spaß! Zudem sieht man in armen Gegenden, wie gut es uns geht, wie privilegiert wir leben und es holt einen auf den Boden der Tatsachen zurück, dass so manches Thema im Verhältnis zu den Problemen in anderen Ländern relativ überschaubar ist.

Zudem hatte ich auf einigen Reisen prägende Erlebnisse, die mir Lebenserfahrung eingebracht und mir gezeigt haben, dass es fast immer eine Lösung gibt, selbst wenn es manchmal echt düster aussah. Reisen lehren, Vertrauen ins Leben zu haben.

Ich bin auf Reisen stets vorsichtig, spreche so viel wie möglich mit Einheimischen, um mehr über Land und Leute zu erfahren und schlichtweg über die Sicherheit und Gepflogenheiten in der Gegend. Was man tun kann und was man auf jeden Fall lassen sollte. So bin ich bisher recht gut immer wieder nach Hause gekommen.

Russland - Ohrenprobleme

Damals war ich 17 und schon sehr reisefreudig. Jedenfalls bekam ich die Gelegenheit zu einer Russlandreise im Sommer. Ich fuhr mit dem Zug nach Frankfurt und traf dort die Reisegruppe, in der ich niemanden kannte. Dann ging es mit der Aeroflot für ein paar Tage nach Moskau. Das lustigste (für uns) waren die langen Warteschlangen damals in der Stadt. Wir machten uns einen Spaß daraus, nachzuforschen, für was gerade angestanden wurde. Direkt neben dem Roten Platz gab es das Kaufhaus GUM. Dort wanderten wir herum und erforschten den jeweiligen Grund fürs Anstehen. Einmal war es tatsächlich Unterwäsche (riesig und Feinripp) und ein anderes Mal Bettwäsche.

Und dann ging es weiter nach Krasnodar am Schwarzen Meer. Wieder ein Aeroflot-Flug und da erwischte es mich echt hart. Der Flug an sich war schon recht interessant: Wir waren die einzigen Westler an Bord. Sonst nur Einheimische, die ihre Hühner und sonst was auf dem Schoß transportierten, was sehr skurril und spannend war.

Jedenfalls war es lausig kalt auf dem ganzen Flug. Ob die gespart haben oder das Ding kaputt war, weiß ich nicht. Ich habe mir den Arsch abgefroren und gelitten wie ein Hund.

Daraufhin ging es mir richtig schlecht. Ich hatte Ohrenschmerzen wie noch nie im Leben und konnte nicht richtig hören. Ich hatte wirklich Angst und wusste nicht, wie es jetzt weitergehen sollte, da ich vor Schmerzen kaum mehr richtig denken konnte. Aber da half alles nichts: Ich brauchte dringend einen Arzt und musste für mich selbst sorgen. In der Gruppe kannte ich niemanden so richtig und Familie war nicht dabei. Also versuchte ich, mich auf meine Stärken zu besinnen und sagte mir, dass ich schon so viele Dinge im Leben geschafft habe. Wenn du versuchst, die beste Lösung zu finden und nach Chancen zu suchen, ist der erste Schritt getan. In diesem Fall nahm ich den Dolmetscher der Gruppe mit und fuhr mit dem Taxi ins Krankenhaus. Und ich bearbeitete von Anfang an den Dolmetscher, dass er mich auf keinen Fall dort im Krankenhaus lassen durfte.

Und was mich dort erwartete, war ein bisschen wie der Vorspann zu einem Horrorfilm: Ein uralter Kasten, viele Stockwerke, furchteinflößend. Das ganze Ding gekachelt. Dicke, schlecht gelaunte Krankenschwestern mit Oberlippenbärtchen, die unwirsch schauten und auf den Bürokram mit einer Ausländerin keine Lust hatten. Dann mussten wir ewig warten und mir taten die Ohren wirklich sehr weh. Mir sank das Herz in die Hose und ich war schweißgebadet aus Angst, da bleiben zu müssen.

Dann wurde ich aufgerufen und es ging ins Untersuchungszimmer. Der Dolmetscher mit dabei. Dort war es recht dunkel, da es mittlerweile später Nachmittag war und es lagen etliche abstoßend aussehende metallische Gegenstände herum. Und dicke Spritzen aus Metall, eben wie im Vorspann bei Alfred Hitchcock.

Dann wurde ich mit diesen Metallinstrumenten untersucht und ich glaubte zu verstehen, dass es sich um eine Entzündung handelte, da der Dolmetscher nur recht widerwillig dolmetschte.

Jedenfalls war meine größte Angst, in dem Kasten die Nacht verbringen zu müssen - ohne die Sprache zu verstehen und höllischen Schmerzen.

Schlussendlich bekam ich zwei Spritzen und zwei Streifen mit Tabletten in die Hand gedrückt und durfte tatsächlich wieder ins Hotel zurück. Da ich selbst nichts verstand, Schmerzen hatte und schlecht hörte, verstand ich das mit den Tabletten nicht so richtig. Mir ging es an dem Abend (wohl aufgrund der gespritzten Schmerzmittel) noch erstaunlich gut und ich wollte in meinem jugendlichen Schwung mit der Gruppe tatsächlich noch ausgehen (ich war da wohl auf Drogen oder so ähnlich).

Dazu kam es aber nicht, da ich die Tabletten offensichtlich vertauscht hatte und die später einzunehmende vor dem Abendessen schluckte, so dass ich am Tisch einschlief. Somit ging alles zum Glück gut aus und ich will dir damit nahebringen, dass du für dich sorgen sollst und versuchen, die Dinge selbst zu regeln. Dabei aufs Leben vertrauen und durchaus auch nach Hilfe fragen. Aber ein russisches Krankenhaus möchte ich lieber nie wieder von innen sehen.

Südafrika - Magenprobleme

Ein paar Jahre später war ich mit meinem Mann zu einer vierwöchigen Rundreise in Südafrika unterwegs. Es war eine tolle Reise - bis fast zum Schluss. Wir reisten durchs ganze Land und nächtigten meistens in Privatunterkünften wie Bed-and-Breakfast. So kamen wir mit Land und Leuten in Kontakt und waren gut über mögliche lokale Gefahren und Gepflogenheiten informiert.

Drei Tage vor dem Rückflug hatten wir uns einen Infekt eingefangen und erwachten mit Magendarmproblemen. Es ging uns so schlecht, dass irgendwann nichts mehr drinblieb und wir zunehmend schwächer wurden. Dabei sollten wir eigentlich vormittags auschecken, da die Reise weiterging und die nächste Unterkunft auch schon gebucht war. Es war nichts zu machen. Wir mussten ins Krankenhaus. Die Vermieter des Zimmers waren so nett, uns ins Krankenhaus zu bringen, wo wir dann die Nacht - es war Silvester - verbrachten. Zu Beginn ging es uns so schlecht, dass es gar nicht sicher war, ob wir in zwei Tagen flugfähig sein würden. Dank der Infusionen und Medikamente ging es aber bald wieder aufwärts.

Da es mir zuerst schlecht gegangen war, dann erst meinem Mann, erholte ich mich zum Glück früher und konnte schon wieder Autofahren und uns zur nächsten Unterkunft bringen. Meinem Mann ging es noch den ganzen Tag nicht gut. Leider begann ich zu früh mit der Nahrungsaufnahme, so dass es mir unmittelbar vor dem Flug wieder sehr schlecht ging. Zum Glück hatte mein Mann nichts gegessen und konnte uns zum Flughafen bringen. Dank einer Infusion war ich dann flugfähig und wir bekamen dank meines erbarmungswürdigen Zustandes sogar ein Upgrade in die Business Class. Mein Mann konnte das gute Essen dort dann auch genießen. Ich leider nicht.

Zwinkerndes Fazit: Selbst Magendarmprobleme können sich als vorteilhaft entpuppen. Ich will damit ausdrücken, dass viele Dinge rückblickend ihre guten Seiten haben (manchmal dauert es länger, bis man das erkennt...).

Costa Rica – Augenprobleme

Auch als Studentin hatte ich das Glück, viel reisen zu können. Für die Studentenorganisation AIESEC reiste ich als „german representative" auf eine Konferenz in Detroit, um dann weiter nach Costa Rica zu fliegen. Dort wollte ich mit einer Reisegruppe zwei Wochen durchs Land reisen und vorab bis zum Eintreffen der Gruppe noch ein paar Tage alleine mit einem einheimischen Guide einen Nationalpark besuchen.

Aus dem Nationalparkbesuch wurde leider nichts, da ich am Morgen aufwachte und einfach nicht mehr die Augen öffnen konnte. Ich lag mutterseelenallein in meinem Bett in der Pension und konnte nicht mehr sehen und weiterreisen natürlich auch nicht. Das war wirklich schlimm! Alleine in Mittelamerika und ich konnte meine Augen nicht mehr öffnen. Da musste ich mich dermaßen zusammenreißen, um nicht loszuschreien, zu toben oder schlichtweg zusammenzubrechen. Ich glaube, ich war wie paralysiert und wusste zunächst nicht, was ich tun sollte. Die Ungewissheit war das Schlimmste. Einfach über Nacht konnte ich meine Augen nicht mehr öffnen, sie schmerzten und brannten. Und es gab damals kein Handy, um Bescheid zu geben oder mir Hilfe zu holen.

Ich versuchte, so ruhig wie möglich zu bleiben und schickte ein Stoßgebet zum Himmel: Dass es vorbeigehen und jetzt bitte jemand vorbeikommen möge. Nach einiger Zeit fiel einem anderen Studenten in der Pension auf, dass ich nicht zum Frühstück erschienen war und er machte sich auf die Suche nach mir. Das war mein Glück. Somit war ich nicht mehr alleine, er konnte meinem Guide zum Nationalpark Bescheid geben und einen Arzt auftreiben. Der Arzt diagnostizierte eine allergische Reaktion - falls ich das auf Spanisch soweit verstanden habe und ich bekam eine Spritze, Augentropfen und Tabletten. Damit ging es innerhalb der nächsten zwei Tage wieder besser und ich konnte mit der eintreffenden Reisegruppe die geplante Rundreise aufnehmen. Was für ein Glück und auch hier half mir wieder Resilienz und Vertrauen auf das Leben.

Diese Reise-Erfahrungen kann ich hier an dich weitergeben:

- Nimm deinen gesunden Menschenverstand zusammen und versuche (trotz Schmerzen), die Dinge zu regeln, die anstehen
- Bewahre die Ruhe. Hier hilft es, wenn man Autogenes Training kann und die Formeln gut anwenden kann.

- Suche selbst nach einer Lösung, das ist der beste Weg raus aus jeder Krise.
- Bleibe positiv, selbst wenn alles um dich herum dunkel ist.

Nepal – Seelenprobleme

Damals war ich mit einer kleinen Reisegruppe - ich kannte vorher mal wieder niemanden - zum Trekking in Nepal. Ich plante die Reise im Frühjahr und es sollte im Oktober losgehen. Als ich buchte, war noch alles in Ordnung. Kurz vor der Abreise stand dann eine sehr komplizierte Wirbelsäulenoperation in einer Spezialklinik bei meinem Vater an. Ich haderte, ob ich die Reise antreten oder als Beistand für meine Eltern zu Hause bleiben sollte. Alle Impfungen waren schon erledigt, der Rucksack fast schon gepackt, der Reisepreis überwiesen.

Nach langem Ringen beschlossen wir alle gemeinsam, dass ich mich auf den Trek begeben sollte. Denn jetzt war die Chance da, ich war körperlich topfit[6] und konnte schlussendlich eh nichts machen - außer eben da zu sein. Aber die Entscheidung war sehr sehr schwer. Ich ließ meine Mutter alleine und konnte auch meinem Vater nicht beistehen. Da meine Eltern aber beide ehemalige

---

[6] Zwar völlig untrainiert im Bergwandern, dafür jung und generell sportlich. Meine Schuhe waren neu. Es war ein großes Wagnis. Bevor es tatsächlich ans wandern ging, tapte ich meine Füße komplett und kam so ganz gut über die Runden. Duschen war eh nicht möglich, so dass das Tape bis zur Rückkehr im Tal hielt.

Bergsteiger waren, sollte ich fahren, das Abenteuer erleben und dann in drei Wochen wieder gesund zurückkehren. Denn sie wären ja selbst auch gerne dorthin gereist, um einmal den Mount Everest und den Himalaya zu sehen.

Schweren Herzens verabschiedete ich mich und begab mich auf diese faszinierende Reise. In dem Wissen, dass ich drei Wochen lang keine Möglichkeit hatte, mich zu melden, zu erkundigen oder irgendetwas zu erfahren. Das ist heute kaum mehr vorstellbar. Aber selbst, wenn ich mich hätte melden können, wäre ich ohnehin nicht vor der geplanten Rückreise weggekommen, da wir im Land unterwegs waren.

Ein guter Freund fuhr mich nach Frankfurt und dort traf ich die kleine Reisegruppe. Der Abschied fiel mir schwer und die Gedanken kreisten um meinen Vater.

Auf dem Weg nach Delhi traf ich sogar noch einen Studienkollegen. Dessen Eltern hatten einen Taschengroßhandel und sie besuchten Produktionsstätten in Indien. Allerdings waren sie in der Business Class unterwegs und ich hatte bereits meine derben Wanderklamotten an, da ich mein Gepäck auf ein Minimum reduziert hatte. Ich durfte ihn dann in der Business Class besuchen, was mich auf andere Gedanken brachte.[7] Die Abwechslung tat mir

---

[7] Vor allem die Pralinen und feinen Naschereien, die gereicht wurden, lenkten mich hervorragend ab.

gut, denn das Loslassen von der Situation zu Hause fiel mir auf dem Flug noch sehr schwer.

In Delhi verbrachten wir eine Nacht am Flughafen, weil wir den Anschlussflug verpasst hatten. Das war ein Ding. Ich schlief auf einer Bank ein und hatte mein Gepäck irgendwie unter mir und um mich verteilt. Als ich aufwachte, war ich an die Wand der Bank geschoben worden und dicht an dicht saßen irgendwelche Inder um mich herum. Für mein Gefühl viel zu nah. Für die war das wohl recht normal. Das werde ich nie vergessen. Aber das nur am Rande.

Jedenfalls ging es dann weiter in einer kleineren Maschine nach Kathmandu. Das war einer der abenteuerlichsten Landeanflüge, die ich je erlebt habe. Denn das Flugzeug muss zunächst einen Höhenzug überqueren, um dann schnell die Landung auf einer recht kurzen Bahn vorzubereiten. Der Weg durch den Zoll war dann relativ spannend, da ich für einen Arzt, der in Deutschland studiert hatte, jede Menge Medikamente in meinen Rucksack gestopft hatte. Deshalb hatte ich auch die ganzen Wandersachen schon an, um mehr Platz für die Medikamente zu haben. Leider kam mein neu gekaufter Rucksack ziemlich zerfetzt auf das Gepäckband. Er war wohl irgendwo hängen geblieben und dann mit Gewalt weitergerissen worden. Vielleicht wurde ich wegen des zerrissenen Rucksacks bei der Einreise gefilzt und musste die Menge an Medikamenten erklären. Da ich aber in Notsituationen zu Hochform auflaufe, quatschte ich mich da raus und kam problemlos ins Land.

Zunächst verbrachten wir ein paar Tage in der Hauptstadt und ich besuchte diesen Arzt. Dabei tat es mir unheimlich gut, hier helfen zu können. Zumindest ein wenig. Balsam für meine Seele, die in ständiger Sorge um meinen Vater war. Ich überwand mich aber und rief nicht zu Hause an, was von Kathmandu aus noch gegangen wäre. Ich beschloss zu vertrauen, zu beten und das Beste zu hoffen. Wir hatten vorab vereinbart, dass ich nicht anrufen sollte.

Dann ging es endlich los. In einem winzigen Flieger flogen wir an den Fuß des Himalaya. Dort trafen wir die Sherpas unserer Truppe und am nächsten Tag begann der große Trek. Ich hing noch sehr viel mit meinen Sorgen in Deutschland bis das Laufen begann. Der Weg half mir, mich zu sammeln, bei mir zu bleiben und zunehmend mehr bei mir selbst und in meinem Vertrauen anzukommen.

Eine Wanderung im Himalaya muss man sich wie eine Berg- und Talbahn vorstellen. Es verlangt einem ziemlich viel Willen, Zuversicht und Selbstbeherrschung ab, da die Berge und Täler, die es zu überwinden gilt, sichtbar vor einem liegen. Du wanderst einen langen Weg nach oben. Dann stehst du oben und siehst, dass du jetzt wieder ins nächste Tal absteigen musst, um anschließend wieder aufzusteigen. Und das zum Teil mehrere Male an einem einzigen Tag. An manchen Tagen gibt es zudem gefühlt unendlich viele Stufen zu bewältigen, die - wenn man sich darauf einlässt - sehr meditativ sein können.

Zu Beginn war ich noch ziemlich verzweifelt wegen meiner Handlungsunfähigkeit, da ich in Nepal nichts mehr ändern konnte. Vermeintlich, denn auch zu Hause hätte ich nichts ändern, nur da sein können. Mit jedem zurückgelegten Meter änderte sich hier allerdings meine innere Haltung:

Zum einen war es beschwerlich. Es war sehr hart und unglaublich kraftzehrend. Ich glaube, das Anstrengendste, was ich je gemacht habe.

Dann fand ich so langsam in meinen Takt, den Rhythmus des Laufens wie auch in einen Tagesrhythmus, der stets gleich war. Wir standen früh morgens auf, frühstückten das Gleiche wie die Einheimischen, einen Getreidebrei, der Kraft gab und starteten in den Tag.

Das tat unheimlich gut und war heilsam für meine Seele. Ich gab mich von Tag zu Tag mehr dem Laufen hin und ließ mich treiben. Meine Aufgabe war es, im hier und jetzt zu sein und weniger an die OP zu denken und zu grübeln, ob mein Vater überhaupt noch lebte. Das war mein Lernen auf diesem Weg: Sei im Hier und Jetzt. Frage nicht, grüble nicht und vertraue auf das Leben!

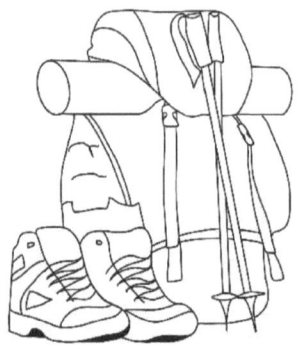

Zwischendurch, kurz vor dem Basislager war ich auch noch ziemlich höhenkrank und es ging mir schlecht. Auch da kämpfte ich mich durch, denn ich wollte und musste ja mit der Gruppe mit. Ich bekam magenberuhigende Tropfen und die Marschgeschwindigkeit wurde zum Glück verringert und die Pausenfrequenz erhöht. Ging irgendwie. Und ich habe es geschafft und war stolz und froh darüber.

Meine grüblerischen Gedanken, Ängste und Sorgen traten immer mehr in den Hintergrund und ich hatte eine gute Zeit dort in den Bergen, atemberaubende Ausblicke und tolle Begegnungen mit sehr freundlichen Menschen.

Morgens und abends schickte ich ein Gebet zum Himmel und zu meinen Eltern und wanderte ansonsten meinen Weg, der gerade anstand.

Die Reise anzutreten war eine sehr gute Entscheidung gewesen - für alle Beteiligten. Ich habe viel gelernt und mein Vater hatte auch etwas, mit dem er sich beschäftigen konnte. Auf der Intensivstation wussten irgendwie alle, dass seine Tochter gerade in Nepal war und er als ehemals begeisterter Bergsteiger mit dem Herzen mit mir unterwegs mit.

Zurück in Frankfurt rief ich, sobald ich durch den Zoll war, meine Mutter an und erfuhr, dass mein Vater auf der Intensivstation lag. Er hatte diese sehr schwere Sechs-Stunden-OP überlebt! Ich machte am Flughafen einen Freudentanz vor lauter Erleichterung und Glück.

Und dann dauerte die Zugfahrt und die Warterei auf den Zug noch mehrere Stunden. Nichts gegen die ruhige Lauferei in den letzten Wochen. Ich wollte nur noch heim, duschen und ab auf die Intensivstation.

Als ich in der Klinik ankam war die Freude bei meinem Vater unbändig. Er lebte in den folgenden Tagen so richtig auf. Das war so wunderschön. Und wir waren froh, dass alles gut gegangen war und das Abenteuer jetzt vorbei war.

Das hat mir das Leben mit dieser Reise geschenkt:

- Genieße das Leben, auch wenn größte Ungewissheit über dir schwebt.
- Lass Dinge los, die nicht mehr änderbar sind.
- Wäge ab und wage auch mal etwas. Man kann nicht alles absichern.
- Der Körper hilft, den Geist zu klären

- Setze einen Schritt vor den anderen und versuche, in Gedanken im Hier und Jetzt zu bleiben.

Ich habe es bis heute nicht bereut, das Risiko eingegangen zu sein. Dennoch hätte es auch sein können, dass ich da in Nepal „gefangen" gewesen und beinahe durchgedreht wäre vor lauter Ungewissheit und dann nicht vorzeitig nach Hause hätte reisen können.

Und natürlich hätte es auch sein können, dass bei der OP etwas schief gegangen wäre oder sonst ein Problem eingetreten wäre und man mich gut hätte brauchen können. Da habe ich einfach Glück gehabt.

Im Fall der Fälle muss das jeder selbst entscheiden und „die" Lösung gibt es nicht. Es gab auch Stimmen in meinem Umfeld, die meinten: „Das kannst du doch nicht machen". Aber die gibt es überall. Oder Menschen, die einem ein schlechtes Gewissen einreden wollen, obwohl sie gar nicht wissen, wie es in einem aussieht und wie sich die genauen Komponenten der Entscheidungsfindung zusammensetzen.

Umgang mit schweren Zeiten

Berufliche und gesundheitliche Probleme

In den letzten Jahren hatte ich dann noch eine sehr schwere berufliche und gesundheitliche Krise. Ziemlich genau ein Jahr lang kämpfte ich mit einer Herzmuskelentzündung und chronischer Bronchitis.

Begonnen hatte alles mit einer richtig schlimmen Erkältung im Herbst. Samstags waren wir schön bei einem Wein-Wanderfest und kamen heim, ich sank aufs Sofa und war am Ende – und nicht nur wegen des Weins...

Jedenfalls bin ich montags zum Arzt und wurde zwei Wochen aus dem Verkehr gezogen. Eine elende Erkältung, wenn nicht sogar Grippe, die allerdings nicht getestet wurde.

Diese Erkältung zog sich dann hin. Ich war immer wieder krankgeschrieben und ging dazwischen in besseren Phasen auch in die Arbeit. Jedenfalls passierte es dann, dass ein schon länger schwelender Konflikt mit einer Kollegin eskalierte und richtig fies wurde. Mir ging es seelisch, wie auch körperlich mies.

Aus Eitelkeit oder sonst was heraus, ich weiß es nicht mehr, wollte ich mich aber partout in dieser Konfliktsituation nicht krankschreiben lassen, weil mir das so feige erschien, mich der Auseinandersetzung durch Krankschreibung zu entziehen. Jedenfalls ritt mich das dann so richtig in die Misere, dass ich arbeiten ging, dort Stress hatte und nicht zur Ruhe kam. Ich wurde zunehmend schwächer und kränker und es stellte sich in einer MRT-Untersuchung schließlich heraus, dass ich mir eine Herzmuskelentzündung zugezogen hatte. Das war ein ziemlich hoher Preis, den ich dann plötzlich begleichen musste, nur weil ich nicht ausreichend Ruhe gegeben hatte. Jedenfalls war

die Krise groß und die ganze Geschichte dauerte schluss-
endlich mit kleineren Unterbrechungen ein ganzes Jahr!
Während der Zeit hatte ich zudem noch mit dieser schwe-
ren Bronchitis zu kämpfen und mein Lungenvolumen war
zwischenzeitlich bei nur noch 59 %. Durch das häufige
Husten hatte ich mir dann zusätzlich noch einen Nabel-
bruch zugezogen, der auch noch operiert werden musste.
Das schwächte mich doppelt, da ich drei Monate nach der
Operation überhaupt keinen Sport mehr machen durfte.
Zu Fuß hatte ich irgendwann die Geschwindigkeit einer
Schnecke. Nein, die war fast noch schneller als ich.

Zurück zum Konflikt mit der Kollegin: Diese Sache eskalierte dann richtig und ging bis hinauf zum Vorstand. Es
wurden wilde Besprechungen abgehalten. Was es leider
nie gab, war ein klärendes Gespräch. Ich selbst hatte in
der Zeit die Hilfe einer Coachin in Anspruch genommen
und kam so ganz gut aus der Sache raus und beschloss,
die Arbeit dort nicht fortzusetzen.

So bin ich gegen die Krise vorgegangen:

- Ich habe mein Bestes gegeben und versucht, möglichst positiv zu bleiben.
- Und habe die Zeit genutzt, Fach- und Sachbücher gelesen.
- Ein Coaching hat mir geholfen.
- Ich habe gelernt, gut mit mir alleine klar zu kommen

ÜBUNG: Den ersten Schritt tun
Oft hängt man so in seinen Mustern, dass es schwierig erscheint, auszubrechen. Oder wir hängen an liebgewordenen Dingen und können uns nicht trennen. Oder es ist zu schwer, gewisse Themen anzugehen.
Deshalb eine kleine Übung. Stelle einen Timer auf 3 Minuten und entscheide unter Zeitdruck: Schreibe auf, was dein erster Schritt, deine ersten Schritte sein könnten. Womit fängst du an? Und du wirst erstaunt sein, auf wie viele Ideen du kommst, wenn du etwas unter Zeitdruck bist. Es reicht auch genau eine für den Anfang. Das funktioniert oft besser als mit aller Zeit der Welt. Nicht abwarten. Tun!

Vielleicht hilft auch dir, was ich angewendet habe:

- In Extremsituationen kann es dir helfen, Familienbilder anzuschauen. Das schafft ein Gefühl von Verbundenheit und es kommen hoffentlich schöne Erinnerungen dabei. Falls dich das traurig macht. Finde etwas anderes.
- Besinne dich auf Erfolge. Du hast im Leben schon viele Situationen gut gemeistert.
- Summe den Song „Körperzellenrock": Jede Zelle meines Körpers ist glücklich, jede Zelle fühlt sich gut. Schau mal im Internet danach.
- Gehe Spazieren. Das entspannt, die Gedanken können sich sortieren. Oftmals kommen gute Ideen. Und ein Spaziergang im Wald tröstet ein bisschen.
- Welche Hobbies bringen dich runter oder in „Flow"?
- Frage: Was zaubert mir ein Lächeln auf mein Gesicht? Und was macht es mit anderen Menschen?
- Kennst du das Gefühl von Demut, Dankbarkeit und Gnade. Das sind helfende, heilende Gefühle...
- Bilde ein Inneres Team - also ohne, dass ich wusste wie das heißt. Ich habe mich oft mal gefragt, was würde Oma oder was würde mein Vater jetzt tun?
- Rettender Gedanke: „Das haben schon viele Menschen vor mir geschafft. „

(Viele dieser Techniken werden im dritten Teil des Buches erklärt).

> *„War der Tag nicht dein Freund, so war er dein Lehrer. "*
>
> *www.zeitblueten.com*

Inneres Team als mögliche Hilfe

Nicht immer sind reale Menschen um uns herum, die wir um Hilfe bitten könnten, die uns zuhören oder die Zeit haben. Manchmal gibt es auch Themen, die niemanden etwas angehen und zu denen wir dennoch Rat benötigen. Dann kommt das sogenannte „Innere Team" ins Spiel. Das Innere Team ist ein Persönlichkeitsmodell, das der Hamburger Psychologe Friedemann Schulz von Thun entwickelt hat. Es geht darum, zwiespältige Situationen mit sich selbst zu klären. Ich habe intuitiv, nachdem meine realen Ratgeber tot waren, sie trotzdem in mein Team geholt und immer mal wieder gefragt, was sie in genau dieser Situation tun würden.

Ich habe das für mich adaptiert, da viele meiner realen „Berater" bereits verstorben sind. Daher sind in meinem Team verschiedene verstorbene Familienmitglieder sowie andere, die ich je nach Anliegen zu Rate ziehe. Ich setze mich dazu an einen schönen Platz, denke über das anstehende Thema nach und überlege mir, was beispielsweise meine Oma dazu sagen würde, wie mein Vater handeln würde und schlussendlich, ob es mir und meinem Herzen guttut. Dabei ist das Team nicht fix. Es kann sich mit der Zeit und dem Älterwerden ändern und je nach Problematik macht es auch Sinn, bei anderen „Teammitgliedern" um Rat zu fragen. Mein Team soll hier zur Veranschaulichung dienen und dich anregen, zu überlegen, wen du als Ratgeber um dich herum hast, wer zu dir passen könnte. Das können auch Prominente, Philosophen, Mediziner oder Filmhelden sein.

Mein inneres Team:

Mein Vater – er ist mein Berater in Finanz- und Gewissensfragen
Meine Mutter – sie berät mich in Gefühlsfragen
Meine Oma – sie war frech und cool und dachte anders als andere. Von ihr kommt eine andere Sicht auf die Dinge
Mein Herz – meine Zweifel
Will Smith in „Das Leben ist schön" – weil er nicht aufgibt und an den Erfolg glaubt.

ÜBUNG: Dein inneres Team

Wer könnte dein inneres Team sein? Nimm dir ein Blatt Papier und fange an zu notieren, wer dich unterstützen könnte. Geh mal in Gedanken durch: Familie, Freunde, Verstorbene, Vorbilder, Personen aus Film und Fernsehen, eine Romanfigur, Freunde und Bekannte. Schreibe dir eine Liste, wer dich unterstützen könnte oder mache ein kleines Bild – wie es für dich passt.

Stark sein für andere

Ich weiß bis heute nicht, wie ich das durchgestanden habe und es geschafft habe, für alle irgendwie da zu sein. Aber es hat funktioniert:

Für eine Woche hatte ich vier Familienmitglieder in drei unterschiedlichen Kliniken in einem Radius von etwa 100 km zu versorgen.

Mein Vater war wegen einer sehr schweren Operation in einer Spezialklinik etwa 50 km vom Heimatort entfernt. Insgesamt für ein halbes Jahr, wo er auch dreimal pro Woche dialysiert wurde. In dieser Zeit bin ich fast jedes Wochenende am Donnerstag nach Hause gefahren und am Montag wieder zurück an die 300 km entfernte Uni. Das alleine war schon sehr nervenaufreibend und anstrengend. (Ich werde es aber nie vergessen, als ich ihn an diesem Weihnachten für eine Nacht nach Hause holen durfte. Das war unglaublich schön für uns alle).

Während dieser Zeit hatte **meine Mutter** einen kleineren, nicht aufschiebbaren Eingriff in einer anderen Stadt, etwa 30 km in die andere Richtung, bei dem man eine Woche im Krankenhaus bleiben musste.

Meine Schwester lag in wieder einer anderen Klinik (wieder 40 km in die ganz andere Richtung), da dort ein Spezialist für ihr Problem war. Es war zwar auch nur kurz, aber halt alles gleichzeitig.

Ich war also im Umkreis von etwa 100 km zwischen drei Kliniken unterwegs. Beschäftigt mit Wäsche-waschen, Überweisungen tätigen, da mein Vater Privatpatient war, den Haushalt am Laufen halten und ja, die Uni gabs auch noch. Und alle irgendwie möglichst regelmäßig besuchen und noch ab und zu bei den Großeltern vorbeischauen oder sie abholen, um gemeinsam Krankenbesuche zu machen.

Ich habe keine Ahnung, wie ich das durchgehalten habe. Aber es geht bekanntlich sehr viel, wenn es gehen muss. Und da ich keine Wahl hatte und ein pragmatisch veranlagter Mensch bin, zog ich es halt durch. Im Nachhinein denke ich, schade, dass ich kein Tagebuch geschrieben habe.

Aber auch da hielt ich es nach den Grundsätzen:

„Augen zu und durch. Es wird vorbei gehen. Das schaffst du schon." Und es ging.

In der Zeit ging ich abends öfter Spazieren und in den Wald, soweit es zeitlich möglich war. Ich ging in den Wald und versuchte, dort meine Sorgen zu lassen und neue Kraft zu schöpfen. Heute würde man das Waldbaden[8] nennen. Mir tut das jedenfalls sehr gut!

Und da ich alleine zu Hause war und für mich niemand kochte, sollte ich einmal zum Mittagessen zu meinen Großeltern gehen und dann meine Oma mitnehmen, um meine Mutter zu besuchen. Ich war auf 12:00 Uhr angekündigt. Meine Großeltern (beide über 80) waren fit, aktiv im Garten, gingen zu jedem Fest, auf das sie eingeladen waren, freuten sich des Lebens und reisten noch regelmäßig.

Es war Sommer und sehr heiß.[9] Jedenfalls war mein rüstiger 86jähriger Opa beim Holzhacken. Als ich mit dem Auto in den Hof einbog, kam mir die Oma schon entgegengefuselt und war ziemlich aufgelöst: „Komm sofort, der Opa ist umgefallen. Du musst ganz schnell in den Garten."

Die Nachbarin war auch schon im Garten. Also wetzte ich in den Garten. Da lag **mein Opa** auf dem Boden, eine aufgelöste Nachbarin und eine ratlose Oma daneben.

Ich wollte damals (bis zum Abitur) Medizin studieren und war recht interessiert in diesem Bereich unterwegs. Jedenfalls lag er so am Boden. Ich sorgte dann erstmal dafür, dass die Beine hochgelegt wurden. Sprechen konnte er nicht richtig. Und mir kam sofort in den Sinn,

---

[8] Bonusteil Waldbaden am Ende des Buches
[9] Was das Wäsche-machen noch anstrengender machte, da wir alle miteinander sehr viel schwitzen.

dass das ein Schlaganfall sein könnte. Also versuchte ich die Tests, mit Armen bewegen, Mundwinkel, rechter und linker Arm und schaute aufmerksam in sein Gesicht, das irgendwie hing. Mir war sofort klar, dass das wohl ein Schlaganfall sein musste.

Also rannte ich ins Haus und rief den Hausarzt an. Dieser beeilte sich und hatte auch gleich einen Krankenwagen im Schlepptau, so dass alles, zumindest nach meiner Ankunft, relativ schnell ging.

Jedenfalls hatte ich dann das vierte Familienmitglied zur gleichen Zeit im Krankenhaus und das war eine intensive, fordernde und seltsame Zeit. Ich habe es dennoch bewältigt und merkte, dass mich das auch gestärkt hat. Es hat mich reifen lassen. Und ich konnte in den schwierigen nachfolgenden Situationen daran zurückdenken, dass ich das gemeistert hatte.

Dabei erfuhr ich, wieviel ein Mensch eben schaffen kann, wenn es sein muss und es gerade keine Alternative gibt.

ÜBUNG: Quality-Time
Wenn du über Wochen hinweg so am Rotieren bist,
dann ist es wichtig, für Ausgleich zu sorgen. Daher die
Übung Quality-Time:

Ich war jedenfalls dermaßen zeitlich eingespannt, dass
ich fast vergessen hätte, wie Entspannung geht. Ich habe
somit ganz bewusst Zeit eingeplant, um mich mal wieder
mit einer Freundin oder meiner Oma zu treffen. Also ran
an den Kalender und macht was mit einem lieben Men-
schen aus. Am besten schon bevor der Stress oder die
Krise zu groß ist. Das braucht nur ein wenig Übung, dass
kann das gut zu einer liebgewonnenen Routine werden.
Vielleicht könnt ihr auch einen Spaziergang damit verbin-
den.

Das hat mir das Leben hier mitgegeben:

- Du wächst über dich hinaus, wenn es sein muss.
- Nutze die Natur und den Wald zum Auftanken
- Es ist immens wichtig, für andere da zu sein.
  Achte dabei sehr gut auf dich selbst und höre auf
  deinen Körper. Nur wenn es dir gut geht, kannst
  (weiterhin) für andere da sein.

Trauerzeit erleben

Die Zeit wird -gefühlt - immer kürzer, die einem Menschen während oder nach einer Krise, einem Todesfall

oder einer schwierigen Trennung „zugestanden" wird. Somit wird es schwieriger, damit zurecht zu kommen. Früher war bei einem Todesfall das Trauerjahr für die Hinterbliebenen obligatorisch und galt als angemessen. Eine Witwe ging in schwarz und jeder konnte dies als Zeichen ihrer Trauer sehen. Heutzutage bleibt nur wenig Zeit, die Gefühle zu ordnen, denn bereits nach zwei bis drei Monaten in einer schwierigen Phase gilt ein Mensch schon fast als depressiv, wenn er nicht wieder zum Normalen zurückgefunden hat. Ich finde, das ist keine gute oder gesunde Entwicklung. Denn alles braucht seine Zeit.

Ich fand das persönlich bei den Todesfällen meiner Eltern sehr schwer. Meine Welt war zusammengebrochen als mein Vater verstarb und als ich meine Mutter verlor, war ich plötzlich eine Waise ohne Eltern. Zwar schon 28 Jahre alt, aber noch nicht wirklich reif, um komplett auf mich alleine gestellt zu sein. Ich musste mich völlig neu sortieren und meinen Platz im Gesamtgefüge finden. Klar. Es gab große Anteilnahme. Zunächst. Nach der ersten Trauerzeit ging die Umwelt aber wieder ihren gewohnten Gang. Die Welt hat sich weitergedreht und ich habe gespürt, dass es gewünscht wurde, „normal" zu funktionieren. Und damit kam ich mal besser und mal schlechter zurecht.

Manchmal empörte ich mich sehr darüber, wie schnell ich wieder funktionieren sollte. Für mich war der Verlust beider Eltern ein tiefeinschneidendes lebensveränderndes Ereignis- und sie fehlen mir immer noch. Zwar weniger, denn ich habe mich daran gewöhnt. Aber fehlen tun sie! Und um wieder stabil zu sein habe ich wirklich zwei bis drei Jahre gebraucht.

Was habe ich in der Zeit richtig gemacht? Ich habe es noch in den Ohren, was mein Lieblingsprofessor mehrfach formulierte: „Die jungen Leute brauchen den Stress des Examens im Block. Wenn sie dies geschafft haben, dabei total an ihre Grenzen gegangen sind, dann wissen Sie, dass Sie vieles, wenn nicht alles im Leben schaffen können."

Genau dieser Meinung bin ich auch. Einmal etwas wirklich Schwieriges geschafft zu haben, hilft das ganze Leben über weiter. Mit meinem französischen Examen machte ich genau diese Erfahrung. Es war eine Ausnahmesituation verbunden mit dem Tod meines Vaters – und ich habe es geschafft.

Genauso auch der Umgang mit Trauer. Es braucht seine Zeit und die sollte sich jeder nehmen (dürfen) und das ist wichtig. Wichtig ist es aber auch, baldmöglichst den Blick nach vorne zu richten und in die Zukunft zu schauen.

Meine Trauerzeit war wirklich schlimm. Ich habe sehr viel geweint, war außer mir und dachte, mein Leben wird nicht wieder hell. Aber ich biss mich durch. Gab nicht auf und machte weiter. Ich habe es geschafft, bin durch diese für mich persönliche Hölle gegangen.

Positive Anregungen für die Trauerzeit und die Zeit danach:

- Krisen machen stark. Man kann fast alles überleben. Gemeinsam mit der Familie geht das leichter.
- Trauerbezeugungen helfen, wenn sie gut gemeint und ehrlich sind. Versuche, sie anzunehmen.
- Wichtig ist, dass du einer (Lebens-)Krise einen Sinn gibst und sie in die eigene Lebensgeschichte integriert.
- Wir können Krisen auch als Stolpersteine sehen, die manchmal einen Wendepunkt darstellen.
- Ich weiß, dass alles mal vorbei geht. Und dass der blöde Spruch: „Die Zeit heilt Wunden" tatsächlich hilft. Wenn man in der Krise steckt, ist der Spruch furchtbar. Aber er stimmt. Wobei manche Wunden nur kleiner werden.

Schicksalsschläge und Krisen gehören dazu

Krisen sind kein Feind

Krisen - kleine und große - gehören zum Leben mit dazu und die Zahl an Krisen nimmt zu, Burnout ist auf dem Vormarsch, die Sinnhaftigkeit der Arbeit geht bei vielen Menschen verloren, Umweltprobleme und Erderwärmung, globale Krisen und ein kollektives Gefühl der Unsicherheit - das alles kommt zu persönlichen Themen und Schicksalsschlägen noch oben mit drauf.

Parallel wird weniger über Gefühle gesprochen, der persönliche Austausch nimmt ab und die Kommunikation per SMS und WhatsApp steigt. Freunde hat man auf Facebook und Instagram, so dass Missverständnisse in der weniger werdenden Kommunikation vorprogrammiert sind. Die Anzahl der Einpersonenhaushalte steigt und die Verbindlichkeit sinkt. Viele Menschen sind nicht mehr bereit, sich zu binden oder einen Termin fest zuzusagen. Die Kriegsgeneration stirbt aus und die Kriegskinder und -enkel werden älter, die eher noch die Zähne zusammengebissen, feste Zusagen gegeben und noch direkt miteinander kommuniziert haben. Ich war viel bei meinen Großeltern und habe dort viel Prägung mitbekommen. Über den Krieg und Kriegsgefangenschaft wurde leider nie geredet und das tut mir jetzt leid, dass ich das zu spät erkannt habe. Sonst hätte ich darüber gerne mehr erfahren, was das mit uns in der Familie gemacht hat. Jedenfalls war da viel mehr ‚Augen zu und durch‘. Ob das jedes Mal gut war, weiß ich nicht.

Eine Krise kann dann auftreten, wenn es - ganz platt gesagt -im Leben zu viel wird, wenn ein wirklich einschneidendes Erlebnis auftritt oder sich langsam schleichend verschiedene Probleme anhäufen. Manche Menschen verlieren durch Krisen ihren Lebensmut, fühlen sich überwältigt, hoffnungslos und verlieren sich. Die Orientierung fehlt dann, man fühlt sich ohnmächtig und hilflos. Manche hadern mit dem Schicksal und fragen sich: Warum (immer) ich?

Aus verpassten Chancen lernen

Also mir ist es ein paar Mal im Leben schon passiert, dass ich Chancen oder Möglichkeiten nicht ergriffen habe, weil es mir gerade zu viel war, es gerade nicht ging oder die angebotene Chance in dem Moment nicht in mein Leben gepasst hat. Das Schlimme ist ja, dass bei vielen Dingen im Leben die Zeit dafür genau jetzt ist. Ich sage dazu: „Jedes Ding hat seinen Slot". Dann ist die Zeit rum und kommt so vielleicht auch nie mehr. Damit muss man erstmal zurechtkommen, dass eine Chance einfach vorbei ist. Und wenn man dann hadert und sich auch noch grämt, weil man das jetzt nicht gemacht hat, den Allerwertesten nicht hochbekommen hat, dann macht das die allgemeine und spezielle Lage auch nicht besser. Daher nimm es im Nachhinein als gegeben hin und mach das Beste draus.

Verpasste Weltreise

Ich hatte die Uni im November beendet und meinen ersten Job bereits unterschrieben zum 01. März im kommenden Jahr. Dazwischen hatte ich mit meiner Mutter eine Weltreise gebucht. Mit den USA, Südamerika, Südafrika, Australien und der Südsee mit Rora Tonga. Jedenfalls ging meine Mutter im Dezember zu einer medizinischen Untersuchung und es wurden Metastasen in der Leber festgestellt, so dass ihr angeraten wurde, sofort mit einer Chemotherapie zu beginnen. Sie überlegte einige Tage und entschied sich schweren Herzens, dass sie lieber auf die Reise verzichten und mit der Behandlung beginnen wollte. Mir stand es nicht zu, sie zu der Reise zu überreden. Zumal mir die Ärzte ins Gewissen redeten, dass ich auf solch einer Reise relativ machtlos wäre, sollte sie eine Gelbsucht bekommen und wir säßen gerade in der Südsee oder so. Dann wären wir unter Umständen weit weg von jeglicher ernstzunehmenden medizinischen Hilfe. Also sagten wir die Reise ab.

Die Weltreise sollte unser großes gemeinsames Mutter-Tochter-Event sein, nachdem ich mein Examen beendet hatte.

Jedenfalls haderte ich sehr lange mit dieser Entscheidung. Denn leider lebte meine Mutter nur noch ein starkes Jahr, so dass es vielleicht keinen Unterschied gemacht hätte, ob die Chemotherapie nun etwas früher oder eben vier Wochen später begonnen hätte. Ich fühlte mich um die gemeinsame Zeit betrogen. wir konnten auch keine gemeinsamen Erinnerungen schaffen. Das beschäftigte mich sehr und ich kann mir vorstellen, dass es dir manchmal auch schon so gegangen ist. Daher will ich dich an meinen Gedanken teilhaben lassen und dir Anregungen mitgeben, wie du vielleicht besser mit verpassten Chancen umgehen kannst:

- Respektiere die Entscheidung anderer. Sie sollte für dich o.k. sein.[10]

---

[10] Wobei die Krankheit dann eh schnell sehr ernst wurde, so dass die verpasste Reise völlig in den Hintergrund trat. Mein „Hadern" kam dann eher später wieder auf.

- Suche bestmöglich das Positive in der aktuellen Situation.
- Man weiß nie, wozu es gut war, dass wir nicht gereist sind.
- Ersetze Gefühle von Ärger mit Akzeptanz.
- Mache einen Haken dahinter, wenn die Entscheidung gefallen ist und blicke nach vorn (soweit möglich).

„Groll mit uns herumtragen ist wie das Greifen nach einem glühenden Stück Kohle in der Absicht, es nach jemandem zu werfen. Man verbrennt sich nur selbst dabei.“

BUDDHA

Jetzt habe ich dir viel über mich und mein Leben erzählt und über so manche Krise und Erfahrung, die ich über die Jahre hinweg erlebt habe.

Life is good

Nun kommt im nächsten Kapitel die tatsächliche LAUCH-Krisenbewältigungsstrategie. Jeweils mit der Beschreibung und vielen konkreten Tipps und Ideen, wie du bestmöglich durchkommst. Versuche es und lass den Kopf nicht hängen. Jede Krise geht vorbei und jedes noch so dunkle Tal lichtet sich wieder. Wollte ich damals auch nicht glauben, stimmt aber. ES IST SO! Krisen werden leichter. es dauert manchmal länger, aber es wird besser. Und wenn du es schaffst, die eine oder andere Idee von mir aufzugreifen, auszuprobieren und in den Alltag zu integrieren, geht's hoffentlich bald wieder aufwärts. Das hoffe ich sehr für dich!

KRISEN sind (auch) gut und gehören dazu. Sie lassen uns wachsen und reifen!

II Die LAUCH - Methode

Alle Krisen, egal welcher Art, sind schlimm und jeder Mensch geht unterschiedlich damit um. Eine Person scheint das Problem „einfach wegzustecken" oder wegzulächeln, während ein anderer Mensch bei einem ähnlichen Thema völlig aus dem Häuschen gerät, keinen Fuß mehr auf den Boden bekommt oder dauerhaft aus der Bahn geworfen wird.

Ich habe beobachtet, dass unterschiedlichste persönliche Krisen einen ähnlichen Verlauf haben, so dass es (fast) unerheblich ist, ob die Krise ein Trauerfall, der Verlust eines Menschen im Sinne von Trennung oder Scheidung, ein Problem in der Arbeitswelt oder die Nachricht einer wirklich schlimmen Krankheit ist. Aus dieser Erkenntnis habe ich die LAUCH-Methode entwickelt.

Die LAUCH-Methode kurz vorgestellt: Eine Krise bricht abrupt über einen Menschen oder eine Familie herein und verursacht zunächst einen **Zusammenbruch** (mehr oder weniger verheerend). Eine Art **Lähmung (L)** tritt ein, Lethargie, nichts geht mehr von der Hand. Das Leben scheint im Zeitraffer abzulaufen. Oftmals einhergehend mit **Verleugnung**, Nichtwahrhabenwollen und Abstreiten der Tatsachen. Das geschieht häufig direkt nach Eintreten der Krise.

Nach der ganz akuten ersten Zeit ist es wichtig, dass die betroffene Person den Zustand nicht mehr leugnet, sondern akzeptiert (A) und (etwas) aktiver (A) wird.

Das macht es möglich, wieder auf andere Menschen zuzugehen, **sich der Umwelt zu öffnen (U)**, diese auch um Hilfe zu bitten oder schlicht Hilfe annehmen zu können. Im nächsten Schritt geht es darum, angebotene Hilfe wahrzunehmen, **Chancen (C)** zu ergreifen, um dann **bestmöglich aus einer Krise hervorzugehen (H)**.

Wenn man bei Google die „Phasen der Trauer" oder „Phasen des Verlassenwerdens" eingibt, finden sich verschiedene Ansätze beispielsweise nach Elisabeth Kübler-Ross oder nach Verena Kast. Ich habe meine eigenen Phasen der LAUCH-Methode entwickelt und gehe dabei generalistischer heran, um diese auf vielfältige Krisen anwendbar zu machen. Alle Phasen sind wichtig, damit die Seele wieder heilen kann, wir Abschied nehmen können (egal ob von einer Person, eine Situation oder einer Arbeitsstelle). Ebenso ist es anzustreben, dass man in und nach der letzten Phase wieder fit für die Zukunft ist und hoffentlich emotional gestärkt aus der Krise heraustritt. Im nächsten Kapitel werden die einzelnen Phasen beschrieben. Du kannst selbstverständlich Bereiche überspringen, wenn du beispielsweise aus der akuten Phase bereits heraus bist.

L wie Lähmung

Meist tritt eine Krise ohne Vorwarnung ein und wirbelt von einem Moment auf den anderen das ganze Leben auf. Nichts ist mehr so wie es war, die Zukunft ist auf den Kopf gestellt, das normale Leben nicht mehr existent und Planungen werden ungültig. Eine Ausnahmesituation ist eingetreten.

Das ist ein akuter Zustand großer Not mit einem Gefühl der Ohnmacht, der Hilflosigkeit. Vielleicht auch dem Gefühl, auf sich alleine gestellt zu sein. Oft geht diese Phase einher mit der Frage: Warum nur ich? Wieso hat es mich getroffen? Das kann doch jetzt nicht wahr sein.

Von einem Moment auf den anderen ist die Welt wie aus den Angeln gehoben und es geht nichts mehr rückwärts oder vorwärts. Starre und Langsamkeit sind die vorherrschenden Gefühle. Selbst einfachste Handgriffe fallen schwer oder funktionieren schlichtweg nicht. Eben wie gelähmt oder unter Wasser in einer Blase! Gefolgt von Auflehnung, Nichtwahrhabenwollen und Verleugnung.

Beschreibung der Phase der Lähmung:

- Alles fühlt sich dunkel und schwer an.
- Nichts geht dir von der Hand.
- Du hast das Gefühl wie gelähmt zu sein.
- Es ist fast so, als ob die Zukunft verschwindet.

- Die Wahrnehmung wird schwammig und unscharf.
- Du fühlst dich, als ob dir der Boden unter den Füssen weggezogen wird.
- Dein Körper und Geist sind gestresst.
- Du hast keinen Appetit. Dein Hals ist wie zugeschnürt.
- Es interessiert dich nichts. Alles ist grau in grau.
- Selbst zum Aufstehen fehlt dir manchmal die Kraft.

Ein Zustand der Lähmung und des Haderns ist in der akuten Anfangsphase der Krise völlig normal. Denn unser gewohntes Leben bekommt einen Riss, wir stehen neben uns und wissen zunächst nicht, wie es weitergeht, was wir tun sollen und sind desorientiert.

Gefühle rauslassen

Es ist wichtig, die Gefühle auszuleben, rauszulassen. Am Anfang, in der akuten Lähmungs-Phase ist das genau richtig, da du am Anfang noch am meisten Verständnis bekommst. Die Mitmenschen sind nachsichtig, selbst wenn du das Geschehene leugnest, nicht wahrhaben willst oder dich aufführst wie die „Axt im Walde".

Lass daher alles raus, gib dich dem Weinen hin. Das reinigt und hilft insgesamt, „mit der Situation ins Reine zu kommen".

(Ein kleiner Tipp hier: Trinke reichlich Wasser, wenn du viel geweint hast. Sonst bekommst du auch noch Kopfschmerzen, da der Körper zu viel Flüssigkeit verliert. Ist zumindest bei mir so).

Das hat mir geholfen:

- Ich habe mir eine positive Grundeinstellung (was mal besser und mal schlechter funktioniert hat) bewahrt.
- Ich habe viel geweint, aber prinzipiell versucht, optimistisch zu bleiben.
- Aufgeben kam für mich nicht in Frage.
- Ich habe versucht, mir hoffnungsvolle Gedanken zu machen und mich daran festzuhalten.
- Ich wusste, dass ich bereits andere Krisen gemeistert habe und das hat mir geholfen.
- Ich habe mir vorgesagt, dass bereits andere Menschen eine ähnliche Situation bewältigt haben.
- Mein Leitspruch: „Bisher ging es immer irgendwie weiter. Also sollte das auch diesmal so sein."
- „Ich werde eine Lösung finden." Das ist ein sehr wertvoller Satz!
- „Wenn sich eine Türe schließt, geht eine andere auf".

Wenn's ganz schlimm ist, suche einen Arzt auf oder rufe eine Telefon-Hotline an, falls gerade niemand zum Sprechen zur Verfügung steht.
Telefonische Seelsorge-Hotline:

0800 1110-111 / 0800 1110-222 / 116123

Gib dem Tag Struktur:

Das bedeutet, den Tag in kleine machbare Häppchen einteilen. Das hilft enorm, wenn alles zu verschwimmen scheint. Das sind Ideen, die helfen können, wenn es ganz schlimm in der ersten Phase ist (falls es dir gut geht, überspringe diese Tipps):

- Beginne damit, aufzustehen und habe die Absicht, in die Dusche zu gehen. Allein schon frisch geduscht zu sein, verbessert den Tag enorm. Es gibt das Gefühl von ein bisschen Normalität und der erste Schritt ist getan.

- Mache dein Bett! Damit ist etwas erledigt. Und sollte der Tag absolut bescheiden werden und vielleicht gar nichts klappen, dann hast du abends ein gemachtes Bett. Glaube mir, das macht einen Unterschied.

- Und dann machst du weiter. Einen kleinen Schritt nach dem anderen. Auch so kommst du voran.

- Nimm dir kleine Themen vor und überfordere dich nicht. Du wirst dich mit jedem Schritt besser fühlen.

- Fange mit Alkohol und Drogen gleich gar nicht an oder genieße das nur sehr zurückhaltend, da es nicht hilft und nur betäubt.

- *Extra-Tipp: Wie wäre es mit Mini-Wohltaten, die ganz leicht gehen?*
  Zum Beispiel ein Glas Orangensaft zwischendurch? Schmeckt gut, hebt ein bisschen die Laune, ist schön fröhlich gelb und mit dem Vitamin C noch gut fürs Immunsystem. Zumindest ein bisschen und jederzeit besser als nichts!

> *„Wenn Dir das Leben Zitro-*
> *nen gibt, mach Limonade*
> *draus!"*
> *UNBEKANNTER AUTOR*

Eine kleine Geschichte zur Motivation: Der Esel im Brunnen

Eines Tages fiel ein Esel in einen tiefen Brunnen. Das Tier schrie fürchterlich, aber so sehr der Bauer und seine Nachbarn sich auch mühten, es gelang ihnen nicht, das Tier aus dem Schacht herauszuziehen. So beschloss der Bauer schweren Herzens, den Esel sterben zu lassen. Weil der Esel alt war und der Schacht sowieso zuge-schüttet werden sollte, schaufelten die Männer Abfälle und Erde in den Brunnen, um ihn gleich dort zu begra-ben. Der Esel ahnte, was geschehen sollte, und schrie noch lauter.

Nach einiger Zeit wurde es still im Brunnen. Die Männer schaufelten weiter.

Als der Bauer endlich hinabsah, wunderte er sich sehr: Der Esel hatte etwas Erstaunliches getan. Jedes Mal, wenn neuer Unrat kam, trampelte er ihn fest. So kam er langsam immer höher, bis er aus eigener Kraft aus dem Loch steigen und davontrotten konnte.

Unbekannter Autor

Fazit: Es gibt einen Ausweg, selbst wenn die Lage hoffnungslos erscheint!

LAUCH-TIPP:

- Nimm deine derzeitige Hilflosigkeit an. Akzeptiere die aktuelle Lage, die seelische Not und diese Ausnahmesituation.
- Geh liebevoll mit dir um.
- Zeige Verständnis für dich selbst.
- Versuche, Mitgefühl für dich selbst aufzubringen.
- Je mehr du ankämpfst, dich ärgerst, haderst, desto länger dauert der Weg aus der Krise heraus. Das Unglück ist schon geschehen und meist nicht rückgängig zu machen. Also nimm es an. Verurteile dich nicht, dass du keinen Weg aus der Krise findest.
- Schreibe einen Brief an dich selbst wie einen mitfühlenden Freund.
- Gehe in Gedanken Gleitschirmfliegen und wirf alten Ballast weg. Lass negative Gedanken los.
- Denk daran, die Sonne scheint für alle. Auch für dich.

„Inmitten der Schwierigkeiten liegen die Möglichkeiten."
ALBERT EINSTEIN

ÜBUNG: Besser Einschlafen:

Du liegst wach, die Gedanken kreisen vor Sorgen, du findest keine Ruhe und kannst einfach nicht (wieder) einschlafen

Gerade wenn die Krise, das Problem noch ganz frisch ist und das ganze bisherige gewohnte Leben auf den Kopf stellt und nichts mehr so ist wie es war, ist es schwer, zu schlafen beziehungsweise überhaupt zur Ruhe zu finden. Du liegst im Bett, wälzt dich herum und kannst irgendwann auch nicht mehr liegen.

Ich hatte damit sehr große Probleme und habe vieles ausprobiert. Für mich funktioniert das ganz gut, wenn ich ruhelos und dabei hundemüde bin:

- *Lege dich auf den Rücken. Ganz bequem.*
- *Versuche, dich in deiner Vorstellung so breit wie möglich zu machen. Lockere die Schultern und ziehe sie nach außen.*
- *Entspanne die Hüften und lass die Beine leicht nach außen fallen.*

- *Lockere dein Gesicht, das vielleicht angespannt ist und bewege leicht die Zunge, damit sie sich entspannen kann.*
- *Vielleicht möchtest du eine Hand auf den Bauch legen und den Atem fühlen.*
- *Stelle dir vor, du liegst auf einem sehr bequemen Liegestuhl, dir ist angenehm warm. Du hörst leise das Meer und träumst vor dich hin. Du kannst das Salz in der Luft riechen und fühlst dich rundum wohlig und am richtigen Platz.*
- *Wenn deine Gedanken wieder abdriften, stelle dir wieder den Strand, eine sanfte Brise und das Meer vor. Höre die Wellen oder leise die Möwen*
- *Überlege dir, wo du dich gut und geborgen fühlst.*
- *Dazu kannst du auch ganz ruhig deinen Atem lenken und zählen. Bei der Eins einatmen, ganz langsam und ruhig. Denke an die gesunde salzige Luft. Und bei der Zwei ausatmen. Bei der Drei langsam einatmen. Dann bei der Vier langsam und bedächtig wieder ausatmen. Und so weiter.*
- *Das macht ruhig und ist auf die Dauer so langweilig, dass du einschlafen kannst.*

Stell dir (mit einem Augenzwinkern) vor, du würdest in der Lähmung oder Verleugnung verharren. Was würde es bedeuten, nichts zu tun?

- *Du verwahrlost total, da du deine Haare nicht mehr wäschst. Irgendwann stinkst du richtig.*
- *Du sinkst tiefer in dein Loch der Lähmung.*
- *Dein Selbstmitleid steigert sich weiter.*
- *Du gehst irgendwann nicht mehr zur Arbeit.*
- *Du verlässt das Haus nicht mehr raus und lässt alles liefern.*
- *Du verlierst den Bezug zur Realität.*

A wie Akzeptanz und Aktivität

In der ersten Phase der Lähmung prallen viele Gefühle aufeinander. Einerseits, ein Verharren im Ausnahmezustand. Andererseits ein Leugnen, nichts damit zu tun haben wollen.

Die Phase der Lähmung ist zwar noch präsent, neigt sich aber dem Ende zu. Es dämmert dir langsam die Erkenntnis, dass sich etwas ändern sollte, dass es so nicht weitergehen kann.

Denn in jeder Krise, bei einem Trauerfall oder einer Trennung gesteht einem die Gesellschaft eine gewisse Zeit der Erstarrung zu. Eine Zeit des Rückzugs, des Leidens und Heulens, manchmal auch des Verdrängens. Das ist allgemein anerkannt. Aber da wir eine schnelllebige Gesellschaft sind, ist es auch irgendwie gewünscht, dass man dann bitte wieder funktioniert und zur Tagesordnung übergeht.

Ich weiß genau wie schwierig das ist, dass die anderen vielleicht drängen „wieder normal zu werden", zu „funktionieren". Man selbst aber noch gar nicht dazu bereit ist und ein eigenes und vielleicht langsameres Tempo hat. Für alle anderen Menschen hat sich die Welt (relativ) normal weitergedreht. Es war deine eigene Welt, die aus den Angeln gehoben wurde.

Bitte fühle dich nicht als Opfer. Suche Lösungen und werde aktiv!

Jedenfalls ist hier der Punkt, an dem du merkst, dass es wieder ein bisschen weiter gehen sollte. Das ist ein erster Schritt!

Sehr gut! Du wachst aus der Starre auf, und überlegst, wie es weitergehen könnte. Selbst die kleinste Erkenntnis ist hier klasse. Jeder Schritt zählt und ist gut für die Zukunft, für den nächsten Tag, die nächste Stunde. Egal wie klein der Schritt ist.

Wie kann es weiter gehen?

- Erinnere Dich an Situationen, wie du vergangene Herausforderungen im Leben gemeistert hast. Schreib diese auf. Das gibt Kraft und etwas mehr Selbstvertrauen.
- Übernimm Verantwortung und akzeptiere das was ist. Stellst du dich dagegen, kostet es viel Kraft.
- Trete einen Schritt zurück und versuche, die Situation mit etwas Abstand zu betrachten. Damit steigt die Objektivität, du gehst emotional etwas auf Distanz und hast eine neue Perspektive, die vielleicht eine Lösung zu Tage bringt.
- Lebe von einem Tag auf den anderen. Das ist im Moment genug, um wieder auf die Beine zu kommen und dich zurück zur Normalität zu kämpfen.
- Grüble nicht so viel oder plane in die weite Zukunft. Mache kleine Schritte und belasse die Gedanken im Hier und Jetzt.

Mit diesen Fragen kommst du hoffentlich weiter:

- Was hat mir bei meiner letzten Krise geholfen?
- Falls du das erste Mal selbst richtig verzweifelt bist, frage dich, was haben Freunde schon durchgemacht und wie haben sie sich geholfen?
- Du kannst auch überlegen, wie Filmhelden mit Krisen umgehen? Vielleicht kannst du dir hier etwas abschauen?
- Gibt es Worte oder Formulierungen, die dich aufrichten, trösten, dir helfen? (Im dritten Teil bei Affirmationen).
- Was hat in der Kindheit gut als Aufmunterung oder Trost funktioniert?
- Was hat dir schon einmal geholfen? Vielleicht die Kirche, die Natur, ein Ritual? Erinnere dich! (Bonusteil Waldbaden am Ende).

„Gelassenheit bedeutet nicht, in Sicherheit vor dem Sturm zu sein, sondern es bedeutet, Ruhe zu bewahren inmitten des Sturms."

UNBEKANNTER AUTOR

LAUCH-TIPP:

- Du brauchst Tageslicht, geh raus und bewege dich, so viel wie möglich, mindestens einmal pro Tag
- Ein Spaziergang bringt Klarheit, sortiert die wirren Gedanken.
- Mache kleine Pläne. Dabei gelten auch Pläne wie „heute putze ich das Bad".
- Fülle den Kühlschrank mit Dingen, die du gerne magst, die dir Freude bereiten.
- Versuche, den Kopf freizubekommen
- Wie wäre es mit einem Lächeln?
- Überlege dir eine Methode, die zu dir passt, um Stress abzubauen (Boxsack, Spazieren oder Joggen oder ...)
- Frag dich, was dir guttut.
- Wie wäre ein Besuch beim Friseur, der Sauna? Vielleicht magst du etwas für die Schönheit tun? Das steigert das Wohlbefinden nach innen und außen.

Leichte Entspannung ist angesagt. Leicht, damit du dich nicht überforderst, aber ein Anfang gemacht ist. Du hast die lähmende Phase einer Krise durchgestanden und erkannt, dass sich etwas ändern sollte, dass du wieder aktiv werden solltest. Daher wäre ein Spaziergang eine gute Maßnahme, ein bisschen Walking oder eine kleine

Joggingrunde – je nach Fitnessgrad. Denn durch den lang-
anhaltenden körperlichen Stress in der L-Phase hast du
vielleicht mit erhöhtem Blutdruck, schlechtem Schlaf, einem höheren Diabetesrisiko oder sonstigen körperlichen
Einschränkungen zu kämpfen. Daher runter vom Sofa,
raus aus dem Haus – zumindest ein bisschen. Bitte!

Du stärkst damit dein Immunsystem, bringst die Mus-
keln wieder etwas in Schwung und tust was für dein Herz-
Kreislauf-System. Das alles zahlt auf **dein Wohlbefindens-
Konto** ein...

**Eine kleine Geschichte zur Motivation: Die Geschichte
vom tauben Frosch**
Eines Tages entschied eine Gruppe Frösche, einen
Wettstreit zu veranstalten. Um es besonders schwierig
zu machen, legten sie als Ziel fest, auf den höchsten
Punkt eines großen Turms zu klettern. Am Tag des Wett-
laufs versammelten sich viele andere Frösche, um zuzu-
sehen. Dann begann endlich der Wettlauf.
Nun war es so, dass keiner der zuschauenden Frösche
wirklich glaubte, dass auch nur ein einziger der teilneh-
menden Frösche tatsächlich das Ziel erreichen könne.
Statt die Läufer anzufeuern, riefen sie also: "Oje, die Armen! Sie werden es nie schaffen!" oder "Das ist unmöglich!" oder "Das schafft Ihr nie!". Und wirklich schien es,
als sollte das Publikum Recht behalten, denn nach und
nach gaben immer mehr Frösche auf. Das Publikum
schrie weiter: "Oje, die Armen! Sie werden es nie

schaffen!" Und wirklich gaben bald alle Frösche auf ".
Alle, bis auf einen, der unverdrossen an dem steilen
Turm hinaufkletterte und als einziger das Ziel erreichte.
Die Zuschauerfrösche waren vollkommen verdattert und
alle wollten von ihm wissen, wie das möglich war. Einer
der anderen Teilnehmerfrösche näherte sich ihm, um zu
fragen, wie er es geschafft hätte, den Wettlauf zu gewin-
nen. Und da merkten sie erst, dass dieser Frosch taub
war!
Unbekannter Verfasser

Fazit:
Manchmal ist es gut, etwas zu wagen, aktiv zu werden. Selbst wenn andere Menschen dagegen sind. Vertraue auf dich selbst!

Eine weitere Möglichkeit der Aktivierung ist **Aufräumen**!
Mir hilft das ganz ausgezeichnet, mich sofort etwas besser zu fühlen – sofern du es richtig machst und nicht über-
treibst.

Falsch wäre es, gleich groß anzufangen und beispielsweise den Inhalt des kompletten Schranks auf den Boden
zu leeren. Nein! Das ist furchtbar und du fühlst dich dann
gleich noch schlechter. Besser ist es, mit kleinen Einhei-
ten anzufangen. Vielleicht hast du längere Zeit alle Kleidungsstücke auf einen Sessel oder dem Boden gelagert.
Fang doch damit an. Sammle die Kleidungsstücke auf und

sortiere sie: Was geht in die Wäsche? Was geht wieder in den Schrank? Was sortiere ich aus? Eine weitere kleine Einheit ist ein Regalboden oder eine Schublade. Oder alle kurzärmligen T-Shirts. Dann die langärmligen T-Shirts. Das entspannt, sorgt für mehr Durchblick und das allerbeste: Du hast ein sichtbares Ergebnis am Ende. Und mache das ganz in Ruhe. Ohne Zwang oder Stress. Betrachte es als Akt der Entspannung. Wirf Ballast ab!

ÜBUNG: Kopf hoch

So treffend wie Charlie Brown kann es kaum jemand ausdrücken, denn „erhobenen Hauptes" durch die Welt zu gehen, ändert schon mal sehr viel. Probiere es ruhig mal aus! Herumtrotten und die Schultern hängen lassen oder aber die Schultern straffen und den Kopf heben. Das ändert den Blick auf die Welt und oftmals ist das der Anfang raus aus der Misere. Daher bitte immer wieder an die Charlie-Brown-Übung erinnern. Schmunzeln und die Schultern straffen. Kopf hoch! Und an was Schönes denken.

Stell dir (mit einem Augenzwinkern) vor, du akzeptierst die Situation nicht. Du leugnest die Tatsachen und vergräbst dich weiter. Nichts tun würde dann bedeuten:

- Du hängst ewig in der Vergangenheit fest
- Niemand ruft mehr an, weil du eh nicht reagierst
- Du stehst morgens schon gar nicht mehr auf, sondern schaltest gleich im Bett den Fernseher ein
- Du kennst sämtliche Trash-Sendungen am Nachmittag und suchst hier Anschluss
- Du wirst dicker, da du dich gar nicht mehr bewegst
- Dein Sofa ist voller Flecken, da du alle Mahlzeiten hier einnimmst

U wie auf die Umwelt zu gehen

Wenn du hier angekommen bist, dann stimmt die Richtung. Denn es geht aufwärts. Definitiv! Wenn du erkannt hast, wieder etwas nach außen und auf Menschen zu zugehen, die Umwelt wahrzunehmen und mit ins Boot zu holen, in dein persönliches Boot, dann bist du auf dem richtigen Pfad. Sehr gut!

Du hast erkannt, dass Hilfe oder Unterstützung gut wäre.

Wen gibt es in deiner Umgebung, den du fragen könntest? Falls du einen engen Kontakt innerhalb der Familie hast, ist das sicher die erste Wahl.

Bei Menschen, die keinen Kontakt zur Familie haben, deren Familie sehr dezimiert beziehungsweise auch auf der ganzen Welt zerstreut ist, sind Freunde gute Helfer, die man fragen kann. Meistens kennt man sich schon viele Jahre, so dass die Beziehung auch solch eine Ausnahmesituation verkraftet. Wer hat schon Ähnliches erlebt? Wer hat meistens gute Ideen die weiterhelfen?

Vielleicht traust du dich gerade nicht, jemanden ganz konkret und direkt anzusprechen? Wer könnte hier dein Vorbild sein, ohne dass er aktiv etwas für dich oder mit dir tun muss? Mach dir doch eine Liste mit Kontakten, die du mal anrufen kannst, ohne eine einzelne Person zu überstrapazieren. #Freunde

Nicht jeder aber ist so strukturiert, dass er Freunde fragen möchte und manch einer hat keine Freundschaften, die dafür geeignet wären. Was kann noch helfen? Es kann helfen, zu schauen, wer in der Welt war schon mal in einer ähnlichen Situation? Welche Krise haben sie erlebt? Wie haben sie die Krise durchstanden?

Beispielsweise Hauptdarsteller im Film? Jemand aus der Gemeinde? Die Oma, die den Krieg erlebt hat und jede Menge Krisen bewältigt hat? Wer hat Verluste erlitten und dennoch eine positive Einstellung zum Leben? Schau dich um, es gibt überall Vorbilder zu entdecken.

Sei in der Situation nicht zu streng mit dir selbst, wenn etwas gerade nicht klappt oder andere besser mit der Krise umgegangen zu sein scheinen. Du weißt nie, was hinter der Fassade steckt. Was sie nach außen zeigen, zeigen wollen und wie es im Innern tatsächlich aussieht.

Denke daran, dass man nicht in andere Menschen hineinschauen kann. Ich habe nach dem Tod meiner Eltern sehr viel geweint und bin ein oder zweimal auch verheult vom Friedhof gegangen. Und war auch ziemlich lange sehr nahe am Wasser gebaut, so dass ich wirklich sehr schnell blinzeln musste, wenn eine Erinnerung hochkam, eine Filmszene traurig war oder wenn mich jemand nach meinem Vater oder meiner Mutter fragte.

Alles dauert seine Zeit

Und jede Phase muss durchlebt werden. Jeder in seinem Tempo und seiner Intention. Es kann auch passieren, dass du wieder Rückschritte machst, nachdem alles schon gut und positiv aussah.

Macht nichts. Dann geht's halt wieder ein bisschen rückwärts. Solange du das Große und Ganze nicht aus den Augen verlierst und vor allem hier in der U-Phase, in der du schon mal auf deine Umgebung zugegangen bist, warst, kannst du es schaffen, wieder hierhin zu gelangen. Du hast jetzt Unterstützung an deiner Seite.

LAUCH-TIPP:

- Finde heraus, was dir guttut?
- Übe, dich an den kleinsten Kleinigkeiten zu freuen
- Wieviel Nähe, Ausheulen und Austausch brauchst du?
- Willst du sprechen oder ist dir ein Freund für eine Runde Squash gerade lieber?
- Bist du der Spaziergehen-und-Quatschen-Typ?
- Lasse Fehler zu.
- Sei achtsam und nachsichtig mit dir selbst. Es geht aufwärts und das ist wirklich gut. Aber erwarte nicht zu viel und zu schnell. Sonst bist du vielleicht schnell enttäuscht und verlierst den Mut.
- Finde deine Balance und gehe neue Wege. Das ist der erste Schritt zu Phase C in der LAUCH-Methode.
- Frage nach Hilfe und nimm sie auch an. Vielleicht kannst du sogar Hilfe zurückgeben?

- Versuche, dich verbunden zu fühlen. Das ist ganz wichtig. Trainiere dieses Gefühl, denn es gibt dir Halt.

„Integriere die Frage in dein Leben: Was macht meinen Tag zu einem guten Tag?"

Wer in deinem Umfeld ist für welches Thema oder Problem gut geeignet? Gehe daher in dich und frage dich, was dir genau guttut? Hier sind jede Menge Anregungen, die du auch abwandeln kannst.

Eine kleine Geschichte zur Motivation: Die Geschichte mit dem Hammer von Paul Watzlawick

Ein Mann will ein Bild aufhängen. Nägel hat er, aber keinen Hammer. Also will er bei seinem Nachbarn einen Hammer ausleihen. Doch plötzlich kommen ihm Zweifel. "Vielleicht will er mir keinen Hammer leihen. Letztens hat der Nachbar sehr seltsam geschaut als er mich sah. Gestern grüßte er mich unfreundlich und ging ganz schnell an mir vorbei." Je länger er darüber nachdenkt, desto mehr erhärten sich seine Zweifel. "Wahrscheinlich findet er mich unsympathisch. Ich glaube, er kann mich nicht

leiden. Sonst wäre er doch nicht so kurz angebunden."
Der Mann "denkt" sich weiter in Rage: "So ein unhöflicher
Mensch. Das habe ich doch gar nicht nötig, mich so be-
handeln zu lassen. Von so jemanden nehme ich nichts an.
Schließlich hat man ja seinen Stolz." Mittlerweile steht er
vor der Tür seines Nachbars und läutet. Als der ahnungs-
lose Nachbar die Tür öffnet, schnauzt er ihn wütend an:
"Behalt doch deinen blöden Hammer, du Idiot!"

Fazit:
Nicht so viel Grübeln, ob oder ob nicht. Einfach
fragen, ohne vorher zu viele Bedenken zu haben.
Menschen helfen gerne anderen Menschen.
Auch dir!

Stell Dir (mit einem Augenzwinkern) vor, du sprichst mit
niemandem, bleibst zu Hause, beantwortest keine Anrufe.
Nichts tun könnte bedeuten:

- *Deine Freunde wenden sich ab, da sie dir schon*
  so oft Hilfe angeboten haben und du abgelehnt
  hast
- *Du vereinsamst*
- *Du hast überhaupt keine Pläne mehr. Für nichts*
- *Irgendwann bist du ganz abgeschieden, ohne*
  Kontakte
- *Du verlernst es, mit anderen zusammen zu sein*
  und wirst zum komischen Kauz

ÜBUNG: Zuhören

Ist es manchmal nicht so, dass du ein Problem im Kopf hast, das sich schon total verheddert anfühlt. Du wälzt das Problem, es wird mächtiger und unförmiger und irgendwann geht gar nichts mehr. Du weißt schon selbst nicht mehr, wo oben und unten ist.

Dann überwinde dich und geh auf eine Person deines Vertrauens zu und bitte sie, sich das Problem anzuhören.

Oft ist es so, dass du selbst auf die Lösung kommst, alleine nur, indem du es aussprichst und beim Sprechen deine Gedanken sortierst. Oder ein oder zwei Fragen deines Gegenübers bringen dich auf den richtigen Pfad. Also geh auf Menschen zu und bitte sie, mal zuzuhören.

C wie Chance(n) ergreifen

Chancen ergreifen. Das bedeutet, den Radius weiterzudrehen, den Fokus zu weiten und wieder offener durchs Leben zu gehen. In dieser Phase geht es definitiv weiter aufwärts, aus der Krise heraus. Du bist auf dem besten Weg! Vielleicht kannst du auch schon ein wenig reflektieren, wofür die Krise gut gewesen sein könnte. Denn ein gutes Motto wäre: Nutze die Chance, die in jeder Krise steckt[11].

Jetzt ist die Zeit, noch weiter raus zu gehen. Wo könntest du noch Hilfe finden? Gibt es ein Trauer Café? Gibt es eine Männerrunde, die sich im Eine-Welt-Laden trifft? Eine Selbsthilfegruppe? Welche Chancen liegen relativ nahe?

Diese Fragen bringen dich vielleicht weiter:

- Was macht dich stark?
- Worauf kannst du dich verlassen?
- Was hast du im Leben schon gemeistert?
- Wo bist du besonders stark?
- Bleibe optimistisch und übernimm dabei Verantwortung für dich selbst. Triff aktiv Entscheidungen.
- Erinnere dich an Erfolge und komme in Bewegung!

---

[11] Selbst wenn sie sich wirklich gut versteckt hat und du sie gerade gar nicht sehen kannst.

Was kannst du in dieser Phase tun?

Denke um und versuche, Übertreibungen wegzulassen und Generalisierungen zu vermeiden (immer, alle, nie...). Schaue nach Chancen, statt Probleme zu suchen und diese breit zu wälzen. Trainiere Optimismus. Notiere, welche Ressourcen dir zur Verfügung stehen?

Dabei sind mit Ressourcen sind hilfreiche Fähigkeiten gemeint wie:

- Wie löse ich Probleme? Wie gut kann ich das?
- Bin ich eher aktiv oder lasse ich die Dinge auf mich zukommen?
- Wie bewerte ich Themen? Eher optimistisch, generalisierend oder negativ?
- Wie gehe ich mit mir selbst um? Wie steht es um meine Achtsamkeit?
- Wie sehe ich Dinge, die ich nicht (mehr) ändern kann?
- Was ist meine Reaktion bei Konflikten?
- Wie plane ich meine Zeit?
- Kann ich mich entspannen?
- Plane ich Erholungsphasen?
- Was stresst mich?

ÜBUNG: Mal was Neues wagen

Wann hast du das letzte Mal etwas „einfach nur anders" gemacht? Oder etwas Neues? Oder etwas geplant? Ist das vielleicht schon länger her?

*Dann wird's jetzt in der Phase „Chancen-ergreifen"
Zeit, das einmal in Angriff zu nehmen: Setze dich hin und
notiere Dinge, die du noch nie gemacht hast. Das muss
gar nichts total Aufregendes wie eine Weltreise sein.
Nein. Es genügt, dass du dir vielleicht vornimmst, mal eine
andere Eistorte als ständig nur Vanille zu wählen. Das ist
schon ein Schritt in die richtige Richtung.*

*Dein Leben sollte wieder etwas bunter werden. Tu was
dafür.*

*Also was würde dich reizen? Was wäre eine kleine Her-
ausforderung? Was bringt etwas Farbe in dein Leben?
Auf gehts!*

„Mach das Beste aus dir, et-
was Besseres kannst du nicht
tun."

RALPH WALDO EMERSON

Motivierende Kurzgeschichte: Der alte Scheich und seine 17 Kamele

Es war einmal ein alter Scheich. Als er merkte, dass seine Zeit zu Ende ging, rief er seine drei Söhne zu sich und sagte zu ihnen: "Meine Tage sind gezählt und wenn ich gehe, vererbe euch meine 17 Kamele. Mohamed - mein ältester Sohn - du bekommst die Hälfte der Herde. Faris - mein zweitältester Sohn - dir steht ein Drittel der Herde zu. Hassan - mein Jüngster - du sollst ein Neuntel der Kamele dein Eigen nennen."

Als der alte Scheich dann verstorben war, wollten die drei Söhne ihr Erbe aufteilen. Sie merkten jedoch schnell, dass 17 Kamele nicht durch zwei, nicht durch drei und auch nicht durch neun zu teilen waren. Sofort begannen sie sich zu streiten und konnten sich nicht einigen, wie sie das Erbe nun unter sich aufteilen sollten.

Um eine Lösung zu finden, fragten sie eine alte, weise Frau aus ihrem Dorf um Rat. Nachdem die Frau lange überlegt hatte, sagte sie zu den drei Söhnen: "Ich weiß nicht, ob ich euch helfen kann, aber ich kann euch mein Kamel schenken!". Die Söhne des Scheichs wunderten sich über dieses Angebot, nahmen aber das Kamel der alten weisen Frau an.

Nun teilten sie ihre 18 Kamele untereinander auf. Der älteste Sohn - dem die Hälfte der Herde zustand - nahm sich 9 Kamele. Der zweitälteste Sohn - der ein Drittel der

Kamele bekommen sollte - nahm sich 6 Tiere und der jüngste Sohn - der ein Neuntel der Herde bekommen sollte - nahm sich 2 Kamele.

Überrascht stellten die Söhne des Scheichs fest, dass sie nur 17 Kamele verteilt hatten, gaben der alten Frau ihr Kamel zurück, bedankten sich bei und gingen glücklich und zufrieden ihrer Wege. - Unbekannter Autor -

Fazit: „Out of the box-Denken", um Hilfe bitten, ungewöhnliche Wege gehen, dann kommen ungewöhnliche Lösungen zu Tage. Eben „Chancen ergreifen".

Stell dir vor, dir werden Chancen geboten und du lehnst alles ab. Gehst nicht hin und hörst nicht zu. Nichts tun könnte bedeuten:

- *Die Chance ist vertan*
- *Vielleicht kommt eine zweite Chance, vielleicht kommt aber auch keine zweite Chance*
- *Es wird ständig schwieriger anzuknüpfen, den Faden wieder aufzunehmen*
- *Die Zeit ist vergangen. Du wirst irgendwann zurückschauen und dich ärgern*
- *Alkohol wird vielleicht dein bester Kumpel, nachdem sich deine Freunde von dir abgewandt haben*

H wie Heraustreten aus der Krise

Hier ist die Krise fast überwunden und du kannst sinnbildlich wie „der Phönix aus der Asche" wieder emporsteigen, eben die Krise hinter dir lassen, den entscheidenden Schritt gehen und heraustreten. Wichtig ist es an dieser Stelle, die gelernten Dinge umzusetzen und vor allem dran zu bleiben. Das stärkt deine Ausdauer und Widerstandskraft und du wächst an den Herausforderungen. Wenn möglich, formulierst du Ziele und findest gute Lösungen.

Was könntest du noch tun? Welche guten Methoden gibt es denn? Gibt es einen Kurs, der zu dir passt? Der vielleicht bei dir in der Nähe ist? Was machen denn die anderen so? Geht jemand regelmäßig zum Yoga, zur Meditation oder zu was anderem, wo du mitgehen könntest? Am Anfang ist es einfacher jemanden zu begleiten, als sich selber was Neues zu suchen. Du tust dich auch nicht so schwer, regelmäßig teilzunehmen (Thema innerer Schweinehund) und lernst eher Gleichgesinnte kennen, wenn dich jemand vorstellt.

Es ist nicht entscheidend, was in unserem Leben geschieht, sondern wie wir damit umgehen und wie wir aus der Krise hervorgehen!

LAUCH-TIPP:

- Werde Gestalter deines Lebens. Werde aktiv. Was hilft dir dabei? Was brauchst du noch? Welche Ressourcen hast du schon?
- Finde Lösungen
- Suche und gewinne Selbstverantwortung
- Grabe deine eigenen Bedürfnisse aus und etabliere gute Gewohnheiten
- Entwickle Routinen mit den Dingen, die wirklich gut sind.
- Überlege, was deine Kräfte stärkt.
- Wo kannst du neue Wege gehen?
- Welche neuen Ziele kannst du dir stecken?
- Was stärkt dein Selbstvertrauen?
- Wie können aus den kleineren Aktivitäten in C größere werden, richtige Pläne?
- Achte auf Gedanken und Formulierungen (Streiche „ich muss")

Extra-Tipp:

Kaufe dir eine Pulsuhr. Das ist eine aktive Gesundheitsvorsorge. Mit dieser Uhr kannst du deinen Schlaf überwachen und deine sportlichen Aktivitäten messen. Ich habe selbst seit Jahren so eine Uhr und mag die Uhr wirklich sehr. Zum einen freue ich mich, wenn mein Puls im niedrigen Bereich ist, ich entspannt bin. Manchmal sogar während der Arbeit oder einer Präsentation. Zum anderen sehe ich an der Uhr, wenn ich einen Gang runterschalten sollte, da die Werte sehr hoch sind.

Das könntest du für dich ausprobieren, da es durchaus auch sein kann, dass dich der Anblick der Stresswerte noch zusätzlich stresst. Das ist Typ-Sache, wie du damit umgehst.

Fragen für deine Zukunft:

- Was waren gute Zeiten in meinem Leben? Was genau war gut daran? Was kann ich tun, um diese immer wieder zu erleben?
- Was waren schlechte Zeiten? Was habe ich daraus gelernt? Wie kann ich dazu beitragen, dass sich diese nicht mehr wiederholen? Was tue ich, wenn sie wiederkommen?
- Wie kann ich mich persönlich für die Zukunft wappnen?
- Male dir mal ein Netzwerk auf. Du in der Mitte: Woher bekommst du Hilfe und wem kannst du

Hilfe geben? Das gibt dir Halt und Zuversicht und baut langfristig vor. Du bist eingebunden und hast es auch noch bildlich vor Augen!

- Wie gut bist du im Smalltalk? Übe und praktiziere das.[12]
- Richte deinen Fokus auf Freude: Wie kannst du mehr Freude in dein Leben integrieren?
- Auch die kleinen Dinge sind wichtig. Widme daher deine Aufmerksamkeit auf schöne Dinge. Das baut dich auf.

---

[12] Hier gibt es sogar Kurse bei der Volkshochschule. Ist wichtig!

Die LAUCH-Gedanken gebündelt:

L	A	U	C	H
Lähmung	Aktiv werden und Akzeptieren	Umwelt ins Boot holen	Chance ergreifen	Heraustreten und Handeln
Impuls Starre	Anfangen	Planen	Los geht's!	Umsetzen
Wie fühlt es sich an? Furchtbar, dunkel	Ein kleiner Lichtstreifen	Heller...	Licht!	Fast schon normal
Wie ist es? Voll in der Krise. Es geht gar nichts	Wenn ich etwas tue, ändert sich etwas	Die richtigen Fragen stellen	Die Weichen stellen und Neues lernen	Neue Wege gehen, das Gelernte umsetzen
Wofür ist das gut?? tja	Die Macht des 1. Schrittes...	Freunde! Kleine Dinge wahrnehmen und wertschätzen	Handlung ist gut	Das Leben wertschätzen.
MANTRA Es geht vorbei	Es geht aufwärts	Ich gehe auf andere zu	Jetzt geht's los!	So soll es bleiben. Es ist gut
SEIN	WERDEN	FRAGEN	WACHSEN	TUN

Ein Beispiel für die Umsetzung: Such dir ein Ehrenamt

Es gibt jede Menge Ehrenämter, die zeitlich, inhaltlich und vom Anspruch her sehr unterschiedlich sind, so dass für jeden etwas dabei ist. Viele Städte habe Ehrenamts-börsen, Treffen in Buchhandlungen und öffentliche Anlaufstellen, die gerne informieren und dabei unverbindlich sind. Man weiß dort, dass die Suche nach dem richtigen Ehrenamt dauert und manchmal ist es auch gut, sich verschiedene anzusehen und vielleicht auch auszuprobieren.

Ein Ehrenamt macht nachweislich zufriedener. Du hast eine sinnstiftende Aufgabe und kannst etwas für andere tun. Genau in dem zeitlichen Rahmen, der zu dir passt und mit der Zeit, die du geben kannst. Du hast die Wahl, mit Kindern, älteren Menschen, Behinderten, Tierschutz, Landschaftsschutz, politisch, im Denkmalbereich oder Benachteiligten zu arbeiten. Die Art und Menge deines Engagements bestimmst du. Auch die Intensität des Kontakts. Das kann von der Organisation im Hintergrund von zu Hause bis zur Arbeit vor Ort sein. Und hier ist jede Hilfe gerne gesehen. Beziehungsweise du wächst auch hinein, indem du zunächst hineinschnupperst, dann mitgehst und später vielleicht ein eigenes Projekt übernimmst.

Vielleicht kannst du im Ehrenamt, wenn dir das liegt, auch Menschen helfen, die ähnliche Probleme haben, die du durchlebt hast. Hier hättest du die Möglichkeit, direkten Beistand zu leisten und für jemanden da zu sein.

Ehrenämter sind auch oftmals Teamwork, so dass du hier gleich noch in eine Gruppe integriert wärst und eine gute neue Anlaufstelle hättest.

Du bist ja nicht gezwungen, sehr zeitnah an deine eigene Krise was Neues anzufangen, das kann auch etwas später erfolgen. Ich finde es hier nur wichtig darauf hinzuweisen, um eine Perspektive aufzuzeigen. Du kannst dann schon einmal die Augen aufhalten, ob es etwas gäbe. Vielleicht gibt es auch einen Tag der offenen Türe, eine Ausstellung nach Projektende oder Ähnliches. So kannst du ganz niederschwellig schon mal Kontakt aufnehmen, ohne direkt etwas tun zu müssen oder auf dich aufmerksam zu machen. Einfach nur hingehen. Das genügt schon und der erste Schritt ist getan!

„Als ich mich selbst zu lieben begann, habe ich verstanden, dass ich immer und bei jeder Gelegenheit zur richtigen Zeit am richtigen Ort bin und dass alles, was geschah, richtig ist. Von da an konnte ich ruhig

sein. Heute weiß ich, das nennt sich Vertrauen!"

CHARLIE CHAPLIN

Motivationsgeschichte: Das grüne Tütchen

Als ich eines Tages, wie immer traurig, durch den Park schlenderte und mich auf einer Parkbank niederließ, um über alles nachzudenken, was in meinem Leben schiefläuft, setzte sich ein kleines Mädchen zu mir. Sie spürte meine Stimmung und fragte: "Warum bist du traurig?". - "Ach", sagte ich, "ich habe keine Freude am Leben. Alle sind gegen mich. Alles läuft schief. Ich habe kein Glück und ich weiß nicht, wie es weitergehen soll." - "Hmmm..." meinte das Mädchen, "wo hast du denn dein grünes Tütchen? Zeig es mir mal. Ich möchte da mal reinschauen." - "Was für ein grünes Tütchen?" fragte ich sie verwundert, "Ich habe nur ein schwarzes Tütchen!". Wortlos reichte ich es ihr. Vorsichtig öffnete mit ihren zarten kleinen Fingern den Verschluss und sah in mein schwarzes Tütchen hinein. Ich bemerkte, wie sie erschrak. - "Es ist voller Alpträume, voller Unglück und voller schlimmer Erlebnisse!" - "Was soll ich machen?", gab ich ihr zur Antwort. "So ist es eben. Daran kann ich nichts ändern." - "Hier nimm!", meinte das Mädchen und reichte mir ein grünes Tütchen. "Sieh hinein!" Mit etwas zitternden Händen öffnete ich das grüne Tütchen und konnte sehen, dass es voll war mit Erinnerungen an schöne Momente des Lebens. Und das, obwohl das Mädchen noch jung war an Jahren. - "Wo ist dein schwarzes Tütchen?", fragte ich neugierig. - "Das werfe ich jede Woche in den Müll und kümmere mich nicht weiter darum!", sagte sie. "Für mich besteht der Sinn des Lebens darin, mein grünes Tütchen im Laufe des Lebens voll zu bekommen. Da stopfe ich so viel wie möglich hinein. Und immer, wenn ich Lust dazu habe oder wenn ich beginne traurig zu werden, dann öffne ich mein grünes Tütchen und schaue hinein. Es wird voll sein bis obenhin. Ich werde sagen können, ich hatte etwas vom Leben. Mein Leben hatte einen Sinn!"

Noch während ich über ihre Worte verwundert nachdachte, gab sie mir einen Kuss auf die Wange und war verschwunden. Neben mir auf der Bank lag ein grünes Tütchen. Ich öffnete es zaghaft und warf einen Blick hinein. Es war fast leer, bis auf einen kleinen zarten Kuss, den ich von dem kleinen Mädchen auf der Parkbank erhalten hatte. Bei dem Gedanken daran musste ich schmunzeln und mir wurde warm ums Herz. Glücklich machte ich mich auf den Heimweg. Am nächsten Papierkorb nahm ich mein schwarzes Tütchen und warf es hinein.

Unbekannter Autor

Fazit: Es geht immer mal wieder auf und ab. Auf den Inhalt des Tütchens kommt es an. Sammle genügend Inhalt für das grüne Tütchen und werde den Ballast des schwarzen Tütchens regelmäßig los. Darauf kommt es an!

Stell dir (mit einem Augenzwinkern) vor, du machst mit deinem Trott weiter und willst sonst nichts hören und sehen. Nichts tun könnte bedeuten:

- *Du hast leider nichts gelernt und keine Fortschritte gemacht*
- *Du fällst leider bei der nächsten Krise wieder um.*
- *Du gerätst tiefer in die Spirale von Leid und Elend*
- *Andere lernen nichts von dir, da du deine Erfahrung und Erkenntnisse leider bei dir behältst*
- *Die Welt ist ärmer um einen guten Krisenbewältiger*in*

ÜBUNG: Wie kann dein Leben zukünftig einfacher werden?

Achte bitte auf deine Formulierungen und deine Sprachbilder. Denn der Mensch, der am häufigsten das Wort an uns richtet, sind wir selbst. Beobachte, wie du mit anderen und mit dir selbst sprichst.

Benutzt du oft: „Ich muss noch...?" Dann ändere das doch in „Ich kann oder ich darf". Das allein nimmt schon viel Druck von dir.

Und nun nimm dir mal deinen Kalender vor und entschleunige ihn. Welche Termine sind dir zu viel? In Zukunft soll dein Leben leichter und besser sein. Dabei hilft ein entspannterer Terminkalender sehr.

Also übe bitte, weniger Termine anzunehmen, mehr nein zu sagen, damit es leichter wird. Oder umgekehrt: Mache genau die Dinge, die dir Spaß machen und die dir Kraft und Halt geben.

Weitere Schritte aus der Krise

- Gruppenzugehörigkeit stärkt dich. Vielleicht möchtest du dir eine Gruppe suchen? Es könnten Gleichgesinnte sein.
- Triff feste Verabredungen. Falls du dich beispielsweise sonntags oft einsam fühlst, könntest du dich verabreden oder eine offene Wandergruppe oder ähnliches suchen.
- Hast du Hobbies? Oder hattest du früher Hobbies, die du wieder aufnehmen könntest? Etwas, das dein Herz erfüllt? Das dich zum Lächeln bringt?
- Wann hast du das letzte Mal etwas Neues gelernt? Wie wäre es mit einer neuen Sprache, einem Kurs bei der Volkshochschule oder ein Online-Kurs?
- Gefällt dir ein Mannschaftssport? Du könntest dein lokales Team anfeuern, hier Teil einer Gemeinschaft werden oder selbst Teil einer Mannschaft werden, falls du sportlich bist.
- Hilfst du gerne? Wie wäre es mit einem Ehrenamt oder Ähnlichem.
- Falls du einen Verlust erlitten hast, hast du vielleicht noch viele Erinnerungsstücke. Überprüfe, wie es dir damit geht: Machen sie dich glücklich? Dann klar behalten. Gibt es Dinge, die dich traurig machen, dann fang doch an, diese weiterzugeben, zu verkaufen oder zu tauschen?

- Falls jemand verstorben ist, braucht es Zeit, bis man den Kleiderschrank anfassen kann. Vielleicht ist jetzt die Zeit gekommen, diesen in Augenschein zu nehmen und auszuräumen?
- Wie schauts aus? Kannst du den Blick wieder nach vorn richten? Vielleicht mal wieder mit jemandem Flirten?
- Falls du Probleme im Job hast oder hattest, könntest du den Blick auch in Richtung neuer Arbeitsstelle und Bewerbungen richten.

Exkurs: Stress

Das Durchleben einer Krise bedeutet Stress für Körper, Geist und Seele. Das kann auf Dauer krank machen, wenn wir es nicht schaffen, nach Stressphasen genügend Abstand zu bekommen, den Stress abzubauen, eben abzuschalten oder für Ausgleich zu sorgen. Denn genau das ist in Extremsituationen oftmals der Fall: Der Stress bleibt bestehen, da man etwas anderes gar nicht mehr sieht, wahrhaben will oder einfach der ganze Körper, beziehungsweise Mensch, so involviert ist, dass nur noch zu 100% die Krise Vorrang vor allem anderen hat. Hier kommt die **Regeneration** ins Spiel und auch die klappt oftmals nicht, wenn selbst Freizeit in Stress ausartet, da es auch nicht um Ruhe oder Ausgleich geht[13].

Was passiert bei Stress?

Stress kommt noch aus dem Urinstinkt der Flucht heraus. Der Körper musste blitzartig in der Lage sein, anzugreifen oder sich rennend in Sicherheit zu bringen, wenn Gefahr drohte. Genau auf diese Reaktion bereitet sich der Körper mit einer Stressreaktion vor. Es werden sogenannte Stresshormone ausgeschüttet (Adrenalin, Noradrenalin und Cortisol), so dass kurzfristige körperliche Höchstleistungen möglich werden. Wenn nun aber diese aufgebauten Reserven (für die körperlichen

---

[13] Das nennt man dann regenerative Stresskompetenz, also die Fähigkeit, während der Freizeit Muße, Ruhe und Ausgleich zu finden.

Höchstleistungen) nicht abgerufen werden, verbleiben die Stresshormone im Körper und werden nicht abgebaut und die Blutgefäße verengen sich, Blutdruck und Blutzucker steigen und der Puls ebenfalls. Im Gegenzug werden nicht akut im Stress benötigte Funktionen herabgesetzt. Die Verdauung wird langsamer, das Immunsystem wird gedrosselt, der Körper braucht (vermeintlich) weniger Schlaf, die Empathie sinkt, ...

Wenn sich der Körper längere Zeit im Stressmodus befindet, bleibt er in Alarmbereitschaft und die genannten Funktionen stecken ebenfalls in der Stressfrequenz fest, so dass sich der Körper nicht erholt. Deshalb ist ein Ausgleich beziehungsweise Sport und körperliche Verausgabung so wichtig, da so die Stresshormone abgebaut werden und sich die Anspannung auflösen kann.

Dabei ist Stress an sich gar nicht negativ. Erst dann, wenn das Gleichgewicht dauerhaft gestört bleibt, Belastungsgrenzen überschritten werden und Erholungsphasen oder auch Glücksmomente[14] fehlen.

Chronischer Stress kann zu Krankheiten oder Störungen führen wie:

- Angstzustände
- Herz-Kreislauf-Erkrankungen
- Geschwächtes Immunsystem

---

[14] Nach einem überstandenen Kampf oder einer geglückten Flucht

- Erhöhter Blutzuckerspiegel, Diabetes
- Bluthochdruck
- Kopfschmerzen, Magenverstimmung, Schlafstörungen
- Gewichtszunahme oder Gewichtsabnahme
- Stoffwechselstörungen
- Erschöpfung
- Chronische Schmerzen

Und genau hier liegt der Unterschied: Viele Menschen haben Stress. Manche können aber besser damit umgehen als andere. Das liegt am unterschiedlichen Umgang mit stressenden Faktoren, an der Verarbeitung der Lebensthemen und auch daran, wieviel Ausgleich sie sich verschaffen. Es gibt Menschen, die sehen gewisse Situationen als Herausforderung, oder gehen spielerischer damit um als andere.

Fakt ist, jeder reagiert anders. Immer weniger leben im Einklang mit sich selbst oder empfinden sich in Ruhe und Zufriedenheit. Auch das Gefühl für eigene Bedürfnisse und die eigene Gesundheit wird zur Mangelware. Die meisten Menschen sind gestresst und kennen das schon von zu Hause aus. Kommt dann noch eine Extremsituation wie eine Krise dazu, wird es oftmals kritisch, da das angelernte Gleichgewicht nicht mehr trägt und der zu bewältigende Berg höher und die Täler tiefer werden. Bis hin zu massiven körperlichen Reaktionen. Es kann sogar vorkommen, dass Trauer die Haare grau werden lässt, weil die körperliche Reaktion auf diese stressige Situation so heftig ist.

Konkrete Schritte raus aus dem Stress:

- Finde heraus, was bei dir Stress auslöst. So kannst du individuell richtig reagieren, vielleicht dann sogar vermeiden oder besser damit umgehen
- Das Erkennen ist damit bereits der erste Schritt
- Sorge für Psychohygiene und übe Entspannungsübungen (Teil 3 im Buch)
- Konzentriere dich auf die wichtigen Dinge und setze Prioritäten
- Finde deine Produktivitätskiller heraus
- Sorge für körperlichen Ausgleich
- Notiere deine Sorgen und gewinne damit mehr Klarheit
- Delegiere und bitte auch mal um Hilfe

Exkurs: Salutogenese

Das Modell der Salutogenese wurde in den 1970er Jahren von dem israelischen Soziologen Aaron Antonovsky entwickelt. Es geht grob gesagt um die Entstehung und Erhaltung von Gesundheit. Im deutschsprachigen Raum beschäftigt sich Dr. Rüdiger Dahlke mit diesem Konzept: Wie ein Mensch mit Stressfaktoren aus seiner Umwelt zurechtkommt und inwieweit dieser Mensch seine Gefühle, Gedanken und Handlungen frei ausleben kann. Der Begriff ist eine Wortschöpfung und bedeutet „**Entstehung von Gesundheit**". Damit sollte deutlich werden, dass er einen Gegenpol zum in der klassischen Medizin vorherrschenden Weltbild der Pathogenese setzen wollte. Die Pathogenese beschäftigt sich vor allem mit der Entstehung und Bekämpfung von Krankheiten. Beide Systeme haben ihre Berechtigung und können sich gut ergänzen.

Die Stressfaktoren in der Salutogenese sind vor allem sogenannte Leistungsstressoren wie beispielsweise: Mehr Druck in der Arbeit, größere Aufgabenbereiche, dann physikalische Stressoren (Umweltbedingungen wie Lärm oder Hitze/Kälte). Darüber hinaus gibt es soziale Stressoren wie Konflikte, Trennung oder Trauer und zuletzt körperliche Stressoren wie Krankheiten oder Verletzungen.

Praktischer Nutzen der Salutogenese

Ganz wichtig für uns Menschen – gerade während oder nach einer Krise – ist das Gefühl, dazuzugehören. Antonovsky nennt es das Kohärenzgefühl und meint damit eine tiefe innere Zufriedenheit mit sich selbst und auch anderen. In den ersten Lebensjahren etwa bis 20 entwickeln wir drei Eigenschaften, die für dieses Gefühl der Zusammengehörigkeit wichtig sind.

1) Bewältigbarkeit – wie fähig wir sind, mit Themen umzugehen.
2) Verstehbarkeit – wie wir Zusammenhänge zwischen Lebensereignissen herstellen können.
3) Sinnhaftigkeit – in wieweit wir überzeugt sind, dass die Geschehnisse oder Lebensereignisse Sinn haben. Wenn man diese Fähigkeit gut verinnerlicht hat, fällt es leichter, Ereignisse und Krisen zu akzeptieren.

Gerade im Umgang mit Tod, Krisen und Stress hängt also viel davon ab, wie wir die drei Eigenschaften verinnerlicht haben und wie weit sie bei uns ausgeprägt sind. Und meiner Meinung nach ist es nie zu spät, solche Fähigkeiten auch nach dem 20. Lebensjahr noch wiederzuentdecken, auszubauen oder neu zu lernen. Es gibt Coaches, die das mit Klienten üben und diese Stressresistenz stärken.

Exkurs: Gönnen und Genießen

Checkliste: Was gönnst du dir eigentlich?

- Welches Hobby hast du denn lange vernachlässigt? Was macht dir wirklich Spaß?
- Du könntest deinen Garten planen und im Garten werkeln. Alternativ den Balkon schön dekorieren
- Du könntest mal wieder sonntags im Bett frühstücken
- Willst du wieder mehr musizieren?
- Oder einen Ausflug in die Bibliothek machen und wieder mehr lesen?
- Früher bist du vielleicht gerne ins Kino gegangen? Welcher interessante Film läuft denn gerade?
- Wie wäre es mit einem Stadtbummel oder dem Besuch eines Trödelmarktes?
- Gibt es eine interessante Kunstausstellung oder eine Sportveranstaltung?
- Wann hast du das letzte Mal mit Genuss Musik gehört?
- Welche Nachbarn hast du schon lange nicht mehr gesehen?
- Früher hast du vielleicht gerne für Freunde gekocht?

Und damit es leichter geht, hier die sechs Gebote des Genießens. Such dir aus, was für dich stimmig ist, genieße und ergänze die Liste:

1. Nimm dir Zeit zum Genießen.
2. Entschleunige deine Aktivitäten.
3. Gönne dir Genuss, du hast es verdient.
4. Lieber weniger als mehr, dafür aber ganz bewusst.
5. Vorfreude ist wunderbar, daher plane den Genuss.
6. Achte die kleinen Dinge des Alltags.

Exkurs: Immunsystem

Krisen schwächen das Immunsystem - durch Ängste, negative Gefühle und Stress. Wer optimistisch ist, wird seltener krank und hat normalerweise die besseren Abwehrkräfte.

Menschen, die gerade den Verlust eines Menschen verkraften müssen oder in einer Krise stecken, werden leichter krank. Sind einfach anfälliger. Es gibt zahlreiche Studien, die dies belegen, dass das Immunsystem leidet.[15] Die Anfälligkeit für Krankheiten steigt und kann sogar zu starken Entzündungen führen, was wiederum Arteriosklerose, Herzinfarkt oder Schlaganfall zur Folge haben kann. Auch Wunden heilen langsamer und der Ausbruch einer Herpesinfektion ist häufiger der Fall, da Viren in stressigen Zeiten Hochkonjunktur haben.

Eine Krise bedeutet für den Körper Dauerstress!

Und da uns manchmal in Krisen dann schon alles egal ist, kommt es auch vor, dass die Ernährung und damit die Versorgung des Körpers vernachlässigt wird. Oft ist eine Krise ja auch mit Appetitlosigkeit verbunden, was den Körper zusätzlich schwächt. Im Zusammenhang mit schlechter Schlafqualität, negativen Gedanken, wenig Bewegung, ... ist das eine Abwärtsspirale, die in Gang gesetzt wird.

---

[15] L Knowles, J Ruiz, M-F O'Connor. A Systematic Review of the Association Between Bereavement and Biomarkers of Immune Function. Psychosomatic Medicine. April 2019

Daher ist es mir ein dringendes Anliegen, hier noch ein bisschen Reklame für das Immunsystem zu machen und wie du es stärken kannst.

Krisen und die Wirkung auf das Immunsystem

Anzeichen für ein schwaches Immunsystem hast du dann, wenn du abgeschlagen bist und dich ermatteter, schneller müde als sonst fühlst. Nur sind das eben auch die Symptome, die jeder hat, der gerade mitten in einer schweren Krise steckt. Egal, ob du nun ein angeschlagenes Immunsystem hast oder nicht, es schadet nichts, darüber Bescheid zu wissen und noch viel wichtiger, das Immunsystem zu stärken.

Denn es gibt verschiedenste Gründe für die Schwächung des Immunsystems und oftmals kommen auch einige zusammen: In erster Linie ist es Stress, dann Schlafmangel durch zu viele Sorgen und Ängste. Unausgewogene Ernährung, Alkohol und Nikotin runden das Ganze ab. Nicht zu vergessen Bewegungsmangel.

Und die Folgen können gravierend sein. Beginnend bei erhöhter Infektanfälligkeit und Atemwegserkrankungen oder Pilzinfektionen, höherer Gefahr einer Blasen- oder Zahnfleischentzündung. Bis hin zu richtig schweren Infektionskrankheiten[16] oder Autoimmunerkrankungen[17], die einfach ein leichteres Spiel im Körper haben, wenn die Barrieren des Immunsystems heruntergefahren sind.

---

[16] Masern, Windpocken, Borreliose und andere.
[17] Multiple Sklerose oder Rheuma

Wie können wir das Immunsystem stärken?

SPORT als Stressbremse, denn Sport kann das Immunsystem stärken. Das muss kein Hochleistungssport sein. Im Gegenteil, regelmäßige körperliche Betätigung im mäßigen Bereich ist optimal. Denn eine sehr große (vielleicht auch ungewohnte) Anstrengung geht für den Körper schon wieder in Richtung Stress. Auch nach einem Marathon sind die Athleten zunächst besonders anfällig für Infekte.

80% des Immunsystems befinden sich im Darm. Sorge für eine gute und regelmäßige Verdauung. Dazu kannst du etwas Leinsamen in dein Frühstück mischen und schon unterstützt du die so wichtige Darmflora.

Einfache Helfer:

Ingwer (Allroundtalent)
Tee aus frischem Ingwer oder ein Stückchen im Mund zerkauen

Kurkuma (stimulierende Wirkung auf die Immunzellen)
Passt in Milch oder Gemüsegerichte

Zink und Selen (schützen die Zellen)
Wirken antiviral. Zinkreiche Lebensmittel: Linsen, Erbsen und Leber, Nüsse und Haferflocken, Hülsenfrüchte. Besser ist es, in Krisenzeiten zusätzlich Zink einzunehmen. Selen vor allem in Fleisch und Fisch, Hühnereiern und Linsen.

Vitamin C (Abwehrkräfte)
Hagebuttenpulver, Acerola, Sanddornbeeren, Johannis-
beeren, Papaya, roter Paprika, Orangen, Zitronen(-saft)

Vitamin A (Haut und Schleimhäute)
Dieses fettlösliche Vitamin kommt vor allem in fettreichen
Fischen, Ei, Butter, Käse und Sahne, Karotten, Spinat
und Brokkoli vor

Vitamin E
Antioxidantien. In hochwertigen Pflanzenölen wie Son-
nenblumen-, Weizenkeim- und Rapsöl

B-Vitamine (Zellwachstum)
kommt vor in Kichererbsen, Knoblauch, Roten Bohnen,
Spinat, Feldsalat. Vitamin B12 nur in tierischen Produk-
ten oder Nahrungsergänzungsmitteln.

Vitamin D (Sonnenvitamin)
Sonnenlicht fördert die Bildung von Vitamin D in unserem Körper, so dass es wichtig ist, regelmäßig nach
draußen ans Licht zu gehen. Leider reicht gerade in
Herbst und Winter diese Eigenproduktion nicht aus. In
kleinen Mengen kommt Vitamin D in Seefischen vor, in
Kalbfleisch, Eiern, Pilzen und Avocados. Aber nur in sehr
kleinen Mengen, so dass es hier überlegenswert wäre,
Vitamin D-Tabletten zu ergänzen.

Abhärtung:

Es gibt viele Menschen, die auf den immunstärkenden
Effekt von Abhärtung schwören und ich glaube auch daran.

Wechselduschen

Die ganz harten unter uns schaffen es ja tatsächlich, sich komplett unter die kalte Dusche zu stellen. Hut ab! Könnte ich nicht und mache selbst eine etwas reduzierte Form, die auch einen Effekt zur Abhärtung hat.

Nach meiner normalen Dusche stelle ich das Wasser auf kalt[18] und dusche zunächst mein rechtes Bein[19] zweimal ab, dann das linke. Dann den rechten Arm, dann den linken. Und wenn ich gut drauf bin, noch etwas das Gesicht und den Oberkörper. Und dann bin ich schon zufrieden, das geschafft zu haben. Ist ein kleiner Erfolg, den auch du zu Beginn des Tages, oder wann du auch duschst, haben kannst.

Die echt Harten können ja auch tatsächlich abwechselnd warm und kalt duschen und das auch beliebig lange ausdehnen. Wer es halt schafft...

Sauna

Regelmäßig in die Sauna gehen ist auch eine prima Abhärtung und hat noch den weiteren Effekt, dass es entschleunigt. Denn Saunieren sollte etwas mit „zur Ruhe kommen", Genießen und langsam-tun, zu tun haben. Falls du es schaffst, einen bestimmten Wochentag dafür zu reservieren, kann es sogar etwas von einem kleinen Ritual haben. Vielleicht verabredest du dich auch mit

---

[18] mal kälter, mal weniger kalt, je nach Weichei-Faktor...

[19] Das rechte Bein deshalb, weil es am weitesten vom Herz entfernt ist.

Freunden. Oder im Fitnessstudio am Freitagabend nach dem Training mit einem Saunagang das Wochenende einläuten.

Probiere es aus, schau, was für dich passt. Sauna ist nicht jedermanns Sache und auch anstrengend für den Kreislauf.

Jedenfalls fördert ein Saunagang die Durchblutung, so dass die Abwehrzellen besser in die Schleimhäute durchdringen und so das Immunsystem auf Trab bringen.

Kneippen

Im Sommer finde ich es wunderbar, die Füße in einem Kneippbecken spazieren zu führen. Am besten mit Freunden nach einer Wanderung oder so. Es gibt auch richtige Kneippvereine, die mehr drumherum anbieten.[20]

Wechselfußbäder sind hier eine Alternative, die man auch ohne Kneippbecken oder Kneippverein simpel zu Hause machen kann. Das ist ein sanfter Einstieg in die Abhärtung und dabei einfach durchzuführen. Du brauchst lediglich zwei Schüsseln oder Eimer. Einen mit körperwarmem Wasser den anderen mit möglichst kaltem. Dann zunächst 5 Minuten beide Füße ins warme Wasser halten, anschließend 10 bis 20 Sekunden beide Füße ins kalte Wasser. Der Kältereiz regt die Durchblutung an und es ist wichtig, dass du danach deine Füße so richtig gut aufwärmst. Mit warmen Socken und wenn sie nicht schnell

---

[20] https://www.kneippbund.de/

warm werden, mit einer Wärmflasche. Das ist immens wichtig, da sich sonst der positive Effekt in eine Erkältung entwickeln kann, wenn du länger kalte Füße hast.[21]

Gerade am Morgen ist das eine wunderbare Möglichkeit, positiv in den Tag zu starten. Mal was Neues zu wagen! Oder falls mal wieder Schnee liegt, kannst du auch barfuß rausgehen und im Schnee herumlaufen und dann für sehr gute Wärme sorgen.

Hausmittel zur Stärkung des Immunsystems

- Hühnersuppe enthält gute Mineralstoffe und wärmt die Seele. Suppen unterstützen die Abwehrkräfte. Auch vegetarisch oder vegan.
- Mache ein Fußbad.
- Versuche, mehr zu schlafen. Im Schlaf kann das Immunsystem Energie tanken.
- Iss antibakteriell wirkende Dinge wie Knoblauch, Meerrettich oder ätherische Öle wie Thymian oder Ingwer.
- Trinke viel Wasser und Tee, damit die Schleimhäute feucht bleiben.
- Probiere doch mal eine Nasenspülung.

---

[21] Ich bin so eine Kandidatin, die zu ewig kalten Füßen neigt, die sich von selbst nur schwer erwärmen, und habe es selbst schon erlebt, dass ich dann prompt eine Erkältung bekommen habe, weil ich die ganze Zeit dachte, dass die Füssen schon wieder von selbst warm werden sollten...

- Wasche öfter als sonst die Hände und lasse deine Hände aus dem Gesicht.
- Iss doch mal ein warmes Frühstück. Zum Beispiel einen Frühstücksbrei aus Hafer, Weizen oder Hirse.
- Wie wäre es mit frischen Beeren?

Einfache Tipps fürs Immunsystem:

- Achte auf dein Körpergewicht. Über- und Untergewicht erhöhen die Infektanfälligkeit.
- Achte auf eine ausgewogene Ernährung und auf saisonale Produkte, vielleicht sogar regional.
- Koche wenn möglich selbst. Dann weißt du, was in deinem Essen ist.
- Gehe mindestens einmal pro Tag für einen Spaziergang an die frische Luft.
- Tanke Sonnenlicht. Das bildet Vitamin D und hellt die Gedanken auf.
- Halte den Kontakt zu Freunden. Soziale Kontakte stärken die Immunabwehr.
- Versuche regelmäßig (leichten Sport) zu machen.
- Viel Bewegung: wie wäre es mal mit Seilspringen? Oder Schwimmen, Radfahren oder Joggen.
- Lüfte regelmäßig. Am besten 3 bis 4 Mal pro Tag für 5 bis 10 Minuten.
- Obst- und Gemüse-Essen ins Leben integrieren, dass es einfach dazugehört.

Exkurs: Schlaf

Wer in einer Krise steckt, der schläft oftmals auch schlecht. Die Gedanken kreisen, die Sorgen sind groß und das Abschalten fällt schwer. Kein Wunder! Und Schlafprobleme tragen dann nicht gerade dazu bei, ausgeglichener zu werden.

Aber wie schwierig ist es, gerade bei aktuellen Problemen, diese hinter sich zu lassen und zur Ruhe zu kommen. Für viele Menschen gehört es fast schon zum Alltag, nachts wach zu liegen, viel früher als der Wecker aufzuwachen oder gar nicht erst einschlafen zu können.

Chronischer Stress belastet den Körper. Schlafprobleme durch Stress wirken sich auf Herz und den Kreislauf aus und auch das Immunsystem wird geschwächt. Das allgemeine Krankheitsrisiko steigt. Leider.

Als Folge können Konzentrationsschwierigkeiten, nervöse Unruhe auftreten und bis hin zum Burnout ist alles möglich. Versuche also, bereits tagsüber etwas für deine Entspannung und damit für einen entspannten Tag zu tun. Ich bin kein Arzt, aber ich weiß aus eigener Erfahrung, dass Baldrian und Co. gut helfen und entspannen können. Bereite also am Tag eine gute Nacht vor. Setze dir vielleicht am Tag bereits eine Erinnerung in den Kalender, um eine kleine geführte Meditation zu machen oder eine der im hinteren Teil des Buches angesprochenen Entspannungstechniken anzuwenden. Manchen Menschen hilft es auch, am Abend in entspannende Kleidung zu schlüpfen und so den Geschäftsalltag hinter sich zu lassen.

Wenn du doch nachts aufwachst, mache dir nicht allzu viele Sorgen um das Wieder-einschlafen. Denn nächtliches Aufwachen gehört zum normalen Schlaf dazu.

Guter Schlaf ist so wichtig:

- Für unser Immunsystem
- Für die Regeneration
- Er verlängert das Leben
- Ausgeschlafen-sein steigert die gute Laune
- Macht erfolgreich
- Ist gut für die Schönheit

Wenn du unter chronischem Schlafmangel leidest, dann bist du permanent müde, neigst zu Depression und fühlst dich überfordert. Hast immer weniger Zeit, da du weniger geregelt bekommst. Tendierst vielleicht auch zu ungesunder Ernährung und trinkst viel zu viel Kaffee!

„Wer ein Problem lösen will, muss sich vom Problem lösen.“

Mehr Erholung im Schlaf

1) Bereite dich auf den Schlaf vor, in dem du dir Routinen schaffst

2) Überlege dir, was dich am Abend am besten runter bringt

3) Sorge für eine möglichst entspannte Atmosphäre

4) Wie wäre ein gemütlicher Abendspaziergang?

5) Trinke möglichst keinen Alkohol und wenn doch, dann bitte wenig

6) Führe ein Tagebuch und gib deine Gedanken an das Buch ab

7) Plane den nächsten Tag. Das befreit ebenfalls die Gedanken

8) Übe Entspannungstechniken oder Atemübungen

9) Nimm ein entspannendes Bad

10) Magst du erholsame Düfte? Oder Zirbenholz neben dem Bett?

11) Lies ein gutes Buch bis dir die Augen zufallen

Schlafrituale

Rituale deshalb, weil Wiederholungen einfach guttun und Sicherheit bringen. Vielleicht tut dir die eine oder andere Idee ja gut.

1. Schalte elektronische Geräte komplett aus.

2. Finde heraus, was dir beim Entspannen hilft: Ein entspannendes Bad, eine Tasse Tee oder ein halbes Glas Bier?

3. Ziehe dir einen gemütlichen Schlafanzug an, der dir Freiraum gibt

4. Wie wäre es mit Tagebuch-Schreiben?
5. Wann hast du das letzte Mal einen schönen Roman gelesen?
6. Wenn dir zu viele Gedanken durch den Kopf gehen, dann schreibe sie auf.
7. Zuviel vor am nächsten Tag? Schreibe eine To-Do-Liste und lass die Gedanken damit los.
8. Gehe spazieren, falls du noch nicht genügend Bewegung hattest. Damit kannst du trübe Gedanken loslassen, einen Schlussstrich unter den Tag ziehen, bist an der frischen Luft und bekommst vielleicht auch etwas mehr Bettschwere, was dir beim Einschlafen hilft.
9. Mache Atemübungen. Langsam ein- und ausatmen und sich dabei voll und ganz auf das Heben und Senken des Brustkorbes konzentrieren.

Das Leben geht weiter

Akzeptiere, wenn du trotzdem ab und zu noch weinen musst, Erinnerungen nachhängst oder in gewissen Situationen traurig bist. Das gehört dazu und ist normal.

Ich hoffe, du kannst nach diesem Kapitel in dich gehen und notieren, was genau du jetzt konkret umsetzen kannst. Mache dir Notizen und verteile die Kernbotschaften (vielleicht mit Haft-Stickern) in der Wohnung, so dass du immer wieder daran erinnert wirst.

III Überblick zu Entspannungsmethoden

Nachdem ich nun viel von meinen Erlebnissen und Erfahrungen erzählt habe und du die LAUCH-Methode kennengelernt hast, hier nun gängige Entspannungs-Methoden, Übungen und Themen, die mir geholfen haben und helfen.

Du bekommst einen ersten Eindruck und kannst so hoffentlich etwas finden, das für dich gut passt und hilft. Probiere es einfach aus und vertiefe das eine oder andere, wenn es dir zusagt. Vielleicht hast du einiges auch bereits intuitiv richtig gemacht und angewandt, ohne zu wissen, um welche Methode es sich handelt (wie ich eben auch).

„Eine Reise von tausend Meilen beginnt mit einem ersten Schritt.“

ANTOINE DE SAINT EXUPÈRY

In kleinen Schritten vorwärts gehen

Was meine ich mit „kleinen Schritten"?

Wir Menschen sind, manchmal oder ziemlich oft, ungeduldig. Wir sind es gewohnt, dass die meisten Dinge ständig und am besten sofort verfügbar sind. Warten kommt nur noch recht wenig vor. Und wenn wir warten müssen, dann oft mit großem Missmut.

Und so soll es am besten auch mit Genesung, Trauer, Trennungsschmerz, neuem Lernen oder Vorübergehen einer Krise sein. Den meisten Menschen ist es am liebsten, wenn sie eine Pille für ihr Problem bekommen, diese schlucken und dann ist bitte alles wieder gut. Nur keine Anstrengung, oder dass man halt selbst etwas tun muss.

Das funktioniert so in der Regel aber nicht. Das Leben ist nicht statisch, sondern ein Prozess und manchmal ist es frustrierend, fordert Durchhaltevermögen und oft auch viel Rückgrat.

Deshalb die Idee mit den Schritten. Einen Schritt nach dem anderen. Auch mal einen oder zwei zurück. Aber in Bewegung bleiben. Genau das macht den Unterschied aus. Wer statisch verharrt, wird niemals irgendwohin oder aus einer Krise herauskommen.

Ich selbst habe diese Erfahrung schon mehrmals in meinem Leben gemacht und lebe nach der Devise:

Jeder kleine (Fort-)Schritt ist besser als nichts. Oder wenn mir Gedanken kommen wie: „Das hättest du schon längst tun können." Dann sage ich mir: „Fang genau jetzt damit an. Dann ist halt jetzt die richtige Zeit." Und das funktioniert. Glaube mir!

Hier greift das Sprichwort: Steter Tropfen höhlt den Stein. Jeden Tag einen kleinen Schritt. Das hält dich in Bewegung und bringt dich (zurück) in deine Kraft. Versuch es!

ÜBUNG: Mach die Augen zu und frage dich: „Was kann ich genau jetzt tun, damit es mir ein bisschen besser geht?"

Hier geht es wirklich um Kleinigkeiten, die oft eine große Wirkung haben. Ein kleines Beispiel: Ich fühle mich manchmal grummelig und unwohl und weiß gar nicht warum. Dann spüre ich in mich hinein und stelle fest, dass ich einfach durstig bin. Wenn ich dann ein Glas Wasser getrunken habe, geht es mir schon wieder etwas besser.

Das kann auch ein einengender Gürtel sein, schlechte Raumluft, ein Bonbon gegen das Kratzen im Hals, ein Kissen, damit du besser sitzen kannst oder mal kurz aufstehen, weil der Körper steif vom Sitzen ist. Wie gesagt, es geht hier ja erstmal um „die kleinen Schritte".

Kleine Veränderungen eben, die unser Wohlbefinden sofort schlagartig verbessern. Mach es Dir zu Gewohnheit, auch in solch kleinen Dingen besser auf dich zu achten. Du wirst spüren, dass es dir guttut! Denke: „Mir darf es gut gehen."

Ich bin es mir Wert.

So funktioniert die Idee der kleinen Schritte

Viele Menschen sind in Starre gefangen. Sie schauen stur in eine Richtung, auf ein (unerreichbares Ziel) oder hängen einem Wunschbild hinterher. Oder sie verharren in der Vergangenheit oder haben aufgegeben - und bewegen sich nicht mehr. Oder schauen gar nirgends mehr hin, weil sie resigniert haben und vielleicht denken, gar nichts mehr erreichen zu können oder zu wollen.

Dabei ist es so, dass viele kleine Schritte, gelebte Kleinigkeiten, das Leben wirklich nachhaltig verändern können. Und rückblickend betrachtet viel großartiger sind als die Verfolgung hochtrabender Pläne oder langatmiger Strategien, die du vielleicht niemals anfängst. Wobei ich nichts gegen Pläne habe. Nur alles zu seiner Zeit.

Der Unterschied dabei liegt in der täglichen Handlung. Die Wirkung liegt im Tun! Nicht ewig Planen, sondern anfangen.

Fünf Minuten täglich sind wirkungsvoller als die Planung von Luftschlössern. Hier einige konkrete Beispiele.

- **Aus der Lethargie herauskommen**
Nimm Dir kleine Schritte vor. Fang an mit etwas Bewegung im Haus an und gehe dann ein paar Minuten vor die Türe. Täglich. Dann ist die Zeit reif für kleine Spaziergänge. Die müssen gar nicht lang sein, dafür sehr regelmäßig.

- **Beweglicher werden**
Fünf Minuten machen einen Riesenunterschied für den Rücken und die Beweglichkeit. Übe täglich fünf Minuten. Statt ewiger Recherche nach dem perfekten Kurs. Oder der Suche nach dem optimalen Outfit. Dehnen, Arme und Schultern bewegen, Kniebeugen, ... was eben geht.

- **(Wieder) besser ernähren**
Fang damit an, ein oder zwei Lebensmittel wegzulassen, die wirklich ungesund sind. Und gehe dann nach und nach in kleinen Schritten weiter. Anstatt auf einmal den kompletten Inhalt des

Vorratsschrankes zu entsorgen. Keine radikalen Änderungen. Nein. Ein Schritt nach dem anderen. So kommst du ans Ziel und überforderst auch nicht dein Umfeld, was ja auch damit klarkommen sollte. Falls du dir beispielsweise angewöhnt hast Chips zu essen, was eventuell nur eine Frust-handlung ist, höre damit auf. Das tut dir und deinem Körper nicht gut!

Ein (für mich) gut funktionierendes Bild für die kleinen Schritte

*Stell dir vor, du bekommst die **Aufgabe, von Augsburg nach Bremen zu wandern**. Auweia. Das ist sehr weit und scheint zunächst nicht machbar. Wenn du dir aber einen Plan machst und dir überlegst, dass das etwa 800 km sind. Du vielleicht 20km am Tag gehen kannst. Dann hast du schon mal die Zeitdauer eingegrenzt, dass du mit Pausen zwischen 40 und 50 Tage brauchen wirst. Wenn du dir dann noch eine Karte nimmst, eine Route einzeich-nest, einen Plan machst und Pausen einbeziehst, dann ist der erste Schritt gar nicht mehr so schwer. Das große Ziel, die Reise, ist in kleine Etappen unterteilt und es ist nur noch ein Schritt nach dem anderen zu tun.*

Auf geht´s!

Konkret:

- Formuliere ein Ziel und notiere Ideen.
- Sortiere die Ideen und überlege, welche genau für dich hilfreich sind.
- Fange klein an, um ins Tun zu kommen.
- Am besten mit Abschnitten, die im Minutenbereich liegen.
- Du kannst die Schritte, wenn du magst, in den Kalender eintragen. Aber nur, wenn dir das liegt und nicht zusätzlichen Druck verursacht.

„Die Kunst der kleinen Schritte" - ein Gebet von Antoine de Saint-Exupéry

Ich bitte nicht um Wunder und Visionen, Herr, sondern um Kraft für den Alltag. Lehre mich die Kunst der kleinen Schritte. Mach mich findig und erfinderisch, um im täglichen Vielerlei und Allerlei rechtzeitig meine Erkenntnisse und Erfahrungen zu notieren, von denen ich betroffen bin. Mach mich griffsicher in der richtigen Zeiteinteilung. Schenk mir das Fingerspitzengefühl, um heraus zu finden, was erstrangig und was zweitrangig ist. Ich bitte um Kraft und Zucht und Maß, dass ich nicht durch das Leben rutsche, sondern den Tagesablauf vernünftig einteile, auf Lichtblicke und Höhepunkte achte und wenigstens hin und wieder Zeit finde für einen kulturellen Genuss. Lass mich erkennen, dass Träume nicht weiterhelfen, weder über die Vergangenheit noch über die Zukunft. Hilf mir das Nächste so gut wie möglich zu tun und die jetzige Stunde als das Wichtigste zu erkennen. Bewahre mich vor dem naiven Glauben, es müsste im Leben alles glatt gehen. Schenke mir die nüchterne Erkenntnis, dass Schwierigkeiten, Niederlagen, Misserfolge und Rückschläge eine selbstverständliche Zugabe zum Leben sind. durch die wir wachsen und reifen. Erinnere mich daran, dass das Herz oft gegen den Verstand streikt. Schick mir im rechten Augenblick jemand, der den Mut hat, mir die Wahrheit in Liebe zu sagen. Ich möchte Dich und die anderen immer aussprechen lassen. Die Wahrheit sagt man nicht sich selbst, sie wird einem gesagt. Ich weiß, dass viele Probleme sich dadurch lösen, dass man nichts tut. Gib, dass ich warten kann. Du weißt, wie sehr wir der Freundschaft bedürfen. Gib, dass ich diesem schönsten, schwierigsten, riskantesten und zartesten Geschäft des Lebens gewachsen bin. Verleihe mir die nötige Phantasie, im rechten Augenblick ein Päckchen mit Güte, mit oder ohne Worte, an der richtigen Stelle abzugeben. Mach aus mir einen Menschen, der einem Schiff mit Tiefgang gleicht, um auch die zu erreichen, die „unten" sind. Bewahre mich vor der Angst, ich könnte das Leben versäumen, Gib mir nicht, was ich mir wünsche, sondern, was ich brauche. **Lehre mich die Kunst der kleinen Schritte.**

Mit Affirmationen stärker werden

Glaubenssatz oder Affirmation?

Zunächst will ich mit einer Abgrenzung der beiden Begriffe beginnen, damit es nicht zu Verwirrung kommt.

Glaubenssätze sind für mich Gedanken, die tief in Körper und Geist verankert sind. Es sind Generalisierungen, die auf eigenen Erfahrungen basieren. Für den einzelnen sind diese wahr, da sie immer wieder wiederholt werden. Zudem sind Glaubenssätze Dinge, Anschauungen und Themen, die jedem durch Erziehung, Erfahrung und häufige Wiederholung quasi eingeprägt sind. Sie sind dafür maßgeblich verantwortlich, wie du dein Umfeld wahrnimmst, was du glaubst und wie du und jeder einzelne Mensch, Dinge bewertest. Tony Robbins sagte einmal: „Ein Glaubenssatz ist eine Annahme mit einem Gefühl von Sicherheit."

Dabei begleiten uns Glaubenssätze unser ganzes Leben lang. Denn wir glauben immer irgendetwas.

Affirmationen sind in meiner Vorstellung positiv. Es sind Formulierungen, die kurz und prägnant sind und die ein erwünschtes Ziel hervorrufen. Affirmationen können (negative) Glaubenssätze beeinflussen oder „überschreiben" und sind somit ein einfaches, kraftvolles Werkzeug für die Persönlichkeitsentwicklung.

Was sind Affirmationen und wie wirken sie?

Man kann auch sagen, dass es angelegte und fest verankerte Überzeugungen sind. Diese können über uns selbst sein, über die Welt, allgemeine Werte, die wir verinnerlicht haben oder oftmals auch Sätze, die in der Familie oft genutzt wurden und die man deshalb für sich übernommen hat. Diese nutzt und anwendet und oft gar nicht genau weiß, warum und wieso. Und das Frappierende ist, dass diese Sätze auf uns wirken. Ob wir wollen oder nicht. Ob wir uns dessen bewusst sind oder nicht. Hat die Tante früher immer wieder gesagt, dass Du zu nichts nutze seist, dann hat sie das wahrscheinlich gar nicht böse gemeint und auch gar nicht gewusst, was sie damit anrichtet. Aber beispielsweise dieser Glaubenssatz: „Ich bin nichts wert" hat sich vielleicht ganz tief in dir verankert und du weißt gar nicht, dass das so ist.

Denn der Satz wirkt. Unser Denken, Handeln und Fühlen und auch die Wahrnehmung der Realität werden durch diese Sätze beeinflusst. Will man also etwas ändern, ist es oft nötig, bis in die Kindheit hinein zurück zu forschen, um herauszufinden, ob und welche Glaubenssätze in uns angelegt sind und wirken.

„Alle persönlichen Durchbrüche beginnen mit einer Änderung unserer Glaubensmuster." TONY ROBBINS

Es ist für unseren Körper ein Riesenunterschied, ob wir positiv oder negativ denken. Wer positiv denkt, regt im Körper Wohlfühlhormone zur Tätigkeit an. Wer negativ denkt und unter Stress steht, dessen Körper produziert Stresshormone. Somit können positive Affirmationen zu persönlichen Kraftquellen werden.

Denn vor dem TUN, steht erst ein Gedanke und/oder ein Gefühl.

Und genau das stimmt. Und deshalb sind Affirmationen so wichtig. Denn einerseits limitieren uns alte, in uns ruhende Glaubenssätze sehr und hindern uns an Wachstum, Weiterkommen und auch am Rauskommen aus einer Krise. Zum anderen helfen uns neue, positive Affirmationen weiter.

Wichtig ist es also, sich mit dem Denken und Denkmustern zu beschäftigen. Am besten bevor eine Krise auftritt. dann ist man bereits gewappnet und hat das Handwerkszeug griffbereit.

Um es etwas greifbarer zu machen, hier Glaubenssätze, die allgemein bekannt (und nicht sehr hilfreich, da blockierend) sind:

- Ich werde es nie zu etwas bringen
- Geld allein macht nicht glücklich
- Ich bin nichts wert
- Ich bin ein Unglücksrabe

Oft korrelieren Glaubenssätze sogar noch mit selektiver Wahrnehmung. Das bedeutet, dass wir mitten in einer Krise wir die Welt nur noch teilweise wahrnehmen, da andere Teile einfach vom Gehirn ausgeblendet werden. Neutraler betrachtet, ist selektive Wahrnehmung auch einfach so zu sehen: Wenn wir darüber nachdenken, ein rotes Auto zu kaufen, dann scheint die ganze Welt voller roter Autos zu sein.

Also kann es sein, dass die Wahrnehmung so verändert wird, dass sie zum Glaubenssatz passt oder umgekehrt, der Glaubenssatz wird geändert, damit er zur Wahrnehmung passt.

Wenn du also denkst: „Alles Schlechte passiert immer nur mir" oder so etwas wie „Ich ziehe die Missgeschicke nur so an". Dann lenkst du den Fokus auf das Negative. Anstatt wahrzunehmen, dass vielleicht gerade zwei blöde Sachen passiert sind, aber auch drei gute, die du so aber gar nicht wahrgenommen hast. Denn wir - also unser Gehirn - ist darauf ausgelegt, die vorhandenen Glaubenssätze zu bestätigen und dann die Fakten anzupassen.

Wie kommen wir nun von einschränkenden Glaubenssätzen zu fördernden Affirmationen?

Wir alle haben Glaubenssätze in uns. Manche sind uns bewusst, wir können sie benennen und nutzen sie auch immer wieder. Manche sind unbewusst in uns verankert und wirken einfach.

Wir wollen nun versuchen, positive Affirmationen in uns aufzunehmen, zu etablieren und versuchen, die negativen zurückzudrängen oder gar aufzulösen und ersetzen.

Um nun positive, neue Affirmationen zu etablieren, ist wiederholen wichtig. Suche dir eine oder mehrere Affirmationen aus und wiederhole diese. Vielleicht ist es auch gut, den Satz oder die Sätze an verschiedenen Stellen im Haus anzubringen (gelbe Klebezettel oder sonstige Notizen). Und dann heißt es dranbleiben, denn ein Richtungswechsel braucht Zeit – bis zu drei Monate...

Und am besten übst du deinen Satz auch vor dem Schlafengehen und beim Aufwachen. Das sind Zeiten, in denen unser Gehirn besonders gut Neues aufnimmt und ins Unterbewusstsein übergehen lässt.

Regeln für Affirmationen:

1) Formuliere möglichst eigene Affirmationen, die für dich passen
2) Formuliere sie positiv
3) Sei kurz und prägnant
4) Glaube an deine Affirmation und an die Realisierung
5) Formuliere in der Gegenwart
6) Passe deine Affirmation so lange an bis sie genau für dich stimmig ist
7) Üben, üben, üben.

Geeignete Satzanfänge für persönliche Affirmationen:

- Ich erlaube mir...
- Ich darf...
- Ich genieße es....
- Ich bin...
- Ich freue mich auf...
- Es ist gut für mich...
- Es tut mir gut, wenn....
- Ich mache immer öfter...

„*Wir sind, was wir denken.*"
BUDDHA

In der Liste findest du Beispiele für Affirmationen, die du für dich übernehmen kannst.

Alt und negativ	Positive, alternative Affirmation
	Selbstliebe und Selbstwert
Ich bin ein Unglücksrabe.	Ich bin ein Glückspilz.
Meinen Wert bestimmen andere.	Ich bin selbst für mich verantwortlich.
Nichts klappt.	Ich habe unbegrenzte Möglichkeiten.
Immer nur die anderen.	Ich bin frei.
Ich ziehe das Unglück an.	Ich bin für mich selbst verantwortlich.
Ich kann nichts.	Ich schaffe alles, was ich will.
Ich will nicht mehr.	Ich bin dankbar für mein Leben.
Ich bin nutzlos.	Ich glaube an mich.
Die anderen sind schuld, dass es mir so schlecht geht.	Ich akzeptiere mich.
Ich bin nichts wert.	Ich bin gut genug.
Warum passiert das ausgerechnet mir?	Ich glaube an mich.
Niemand hört mir zu.	Meine Meinung ist wichtig.

Ich weiß nicht weiter.	Ich ergreife Chancen.
Ich kann mich nicht entscheiden.	Ich treffe Entscheidungen und stehe dazu.
Das klappt nie.	Ich versuche es und gebe mein Bestes.
Gesundheit, Krankheit und Körper	
Ich bin fett.	Schönheit messe ich nicht mit der Waage.
Ich bin unheilbar krank.	Ich habe positive Gedanken und ernähre mich bewusst gesund.
Das muss man so hinnehmen, wenn man älter wird.	Ich bin gesund. Es geht mir gut.
Mein Immunsystem ist schwach.	Ich habe gute Abwehrkräfte.
Ich habe eine vererbte Krankheit.	Ich achte auf das, was mein Körper mir sagen will.
Ich kann das Altern nicht aufhalten.	Ich bin jung, gesund und fit.
Ich bin hässlich.	Ich liebe mich so wie ich bin.
Trauer	
Ich bin so allein.	Ich bin mir selbst genug.
Wie soll mein Leben weitergehen?	Das Leben ist schön und ich freue mich an kleinen Dingen.
Ich schaffe das nicht.	Ich bin stark und halte auch das aus.
Ich kann hier nicht alleine zurückbleiben.	Ich bin stark und belastbar.
Ich kann nicht mehr.	Ich atme tief und entspannt und freue mich, dass ich noch lebe.

Ich sterbe bestimmt auch bald.	Ich bin das sprühende Leben.
Ich habe keine Hoffnung mehr.	Ich entscheide mich für das Leben.
Ich bin verzweifelt.	Ich habe viel Kraft.
Ich zerfließe vor Selbstmitleid.	Ich denke positiv.
Ich finde keine Ruhe.	Ich atme tief ein und aus.
Ich habe Angst vor der Zukunft.	Ich vertraue auf die Zukunft.
Ich kann nicht alleine leben.	Mein Leben liegt in meiner Hand und ich bin genug.
Ich bin alleine nicht liebenswert.	Ich bin genug und ich bin liebenswert.
Ich kann nur zu zweit leben.	Ich erlaube mir loszulassen und ich bin genug.
Warum wurde mir xxx genommen?	Ich verabschiede xxx und bin dankbar für unser gemeinsames Leben.
Warum er/sie und nicht ich?	Das Leben liegt in Gottes Händen.
Ich wäre dran gewesen.	Ich vertraue auf das Leben.
Wieso ist das Leben so ungerecht?	Ich schaffe das.
Trennung, Verlust	
Das wird nie wieder so wie früher.	Ich vertraue auf das Leben.
Ich bin so einsam.	Ich bin genug. Das Leben sorgt für mich.
Warum werde ich immer verlassen.	Ich verdiene nur das Allerbeste.
Ich bin nicht liebenswert.	Ich bin es wert, geliebt zu werden.

Ich bin hässlich.	Ich bin genug und schön.
Keiner liebt mich.	Ich bin genug und steht mitten im Leben.
Ich kann niemanden halten.	Ich stehe für mich ein und bin wichtig.
Wieso ist das Leben so ungerecht?	Ich entscheide selbst über meine Zukunft.
Niemand liebt mich.	Ich bin liebenswert und wertvoll.
Keiner will bei mir bleiben.	Ich bin genug und liebenswert.
Jetzt liebt mich nie wieder jemand.	Ich werde geliebt.
Ich fühle mich allein.	Ich bin umgeben von positiven Menschen
Ich bin den anderen egal	Ich übernehme selbst die Verantwortung für mein Leben.
Motivation	
Ich schaffe das nie.	Von Tag zu Tag werde ich selbstbewusster.
Ich bin nicht kreativ.	Ich habe gute Ideen.
Ich habe keine Motivation.	Ich bin gut drauf.
Ist eh egal.	Ich bin es wert, geliebt zu werden.
Ich habe schlechte Laune.	Ich akzeptiere, dass ich nicht immer perfekte Laune habe.
Keiner hört zu, wenn ich etwas sage.	Ich bin wichtig und habe viel zu sagen.
Die anderen lehnen mich ab.	Ich akzeptiere mich selbst so wie ich bin. Und das ist gut so.

Ich kriege meinen Hintern nie hoch.	Ich nehme meine Pläne in Angriff.
Niemand mag mich.	Ich liebe mich genauso wie ich bin.
	Gefühle
Ich mache immer alles falsch.	Ich mache das sehr gut.
Ich mache nie etwas richtig.	So wie ich es mache ist es richtig und fühlt sich gut an.
Ich kann es keinem recht-machen.	Ich treffe die Entscheidun-gen meines Lebens selbst.
Niemand sieht mich wirk-lich.	Ich bin einzigartig und lie-benswert.
Ich bin so unglücklich.	Ich habe Spaß.
Niemand interessiert sich für das, was ich fühle	Meine Gefühle zählen.
Ich bin so alleine.	Ich bin mir selbst genug.
Jeder will was anderes von mir.	Ich liebe mich so wie ich bin
Ich bin dick und hässlich.	Ich bin anziehend.
Mein Körper ist Schrott.	Ich bin gesund und schön.
Ich bin krank und werde nicht gesund.	Jede Zelle meines Körpers ist glücklich!

Meine persönlichen Lieblings-Sätze:

- Jede Zelle meines Körpers ist glücklich, jede Zelle fühlt sich gut.[22]
- Ich bin gesund, beweglich und fit.
- Ich habe alles, was ich brauche.

---

[22] Es gibt hier sogar einen Song im Internet, den „Körperzellen-rock".

- Ich bin genug.
- Ich gestalte meine Gedanken und meine Zukunft.
- Ich bin dankbar für alles Gute in meinem Leben.
- Wenn ich traurig bin, frage ich mich, was gerade gut läuft und wofür ich dankbar bin.
- Ich habe ein gutes, gesundes und glückliches Leben.

Ich bin genug.

So wirken Affirmationen am besten:
- Sage sie dir immer wieder im Geist auf
- Lerne sie auswendig, wenn du magst
- Du kannst sie vor dem Spiegel oder auch ohne laut aufsagen
- Schreibe sie auf

Rituale in den Alltag übernehmen

Das Leben wird schneller und die Anforderungen steigen stetig. Gerade in einer schweren Krise verändert sich die Geschwindigkeit zusätzlich. Man nimmt manchmal die Zeit wie durch eine Blase wahr. Das Leben ist anstrengend.

Es ist schwer, den einzelnen Tag zu schaffen, irgendwie durchzukommen. Es fehlt die gewohnte Struktur, alles verschwimmt.

Hier helfen Rituale. Denn diese leben von der Kraft der Wiederholung.
Indem du mehrmals täglich kleine Handlungen wiederholst oder jeden Tag zur gleichen Zeit die gleiche Sache tust, bekommst du Halt. Das sind kleine Nischen der Achtsamkeit, in denen du Ruhe und Geborgenheit finden kannst.

Rituale sind wichtig

Bereits in der Kindheit gaben uns Rituale Sicherheit und ein Gefühl von Geborgenheit. Und es war wichtig, dass diese immer gleich abliefen: Das vorweihnachtliche Backen, der Nikolausstiefel vor der Türe, das Gute-Nacht-Geschichten-Vorlesen.

Rituale in der Familie sind wertvoll. Sie stärken das Wir-Gefühl und sind einfach wiederkehrende Ereignisse, die Kindern helfen, die Welt zu verstehen und irgendwie auch zu ordnen. Sie sind Fixpunkte im Leben, geben Struktur im Jahr. Daran sollte man allerdings nicht starr festhalten, sondern die Rituale an die Entwicklung und Bedürfnisse aller anpassen, manche weglassen und im Laufe der Jahre neue entwickeln.

Zudem kennt jeder allgemein gültige Rituale wie beispielsweise bei einem **Todesfall**: Das Begräbnis mit Blumenbeigaben, der traditionelle Leichenschmaus oder das Eintragen ins Kondolenzbuch sowie das Schreiben einer Beileidskarte an die Hinterbliebenen. Das sind alles Zeichen des Mitfühlens, die den Trauernden Kraft geben und zeigen, dass sie nicht alleine sind.

Oder bei einer **Hochzeit**: Der Einzug in die Kirche, das Spenden des Segens, das Werfen des Brautstraußes. Die Braut trägt etwas Neues, etwas Altes, etwas Geliehenes und etwas Blaues.

Ganz simpel am **Arbeitsplatz**: Das Ritual der Kaffeepause, wöchentliche Besprechungen, etc.

In der **Familie**: Das gemeinschaftliche Schauen der Tagesschau, bestimmter Serien jede Woche oder die dienstägliche Verabredung zum Sport, die seit vielen Jahren besteht.

RITUALE GEBEN HALT UND WIRKEN WIE LEIT-PLANKEN IM LEBEN!

Wie wirken Rituale?

Rituale geben Halt und die Möglichkeit, Gefühle zu ordnen, was in oder nach einer Krise immens wichtig ist. Oftmals führen Rituale Menschen zusammen oder dienen der Gliederung eines stattfindenden Prozesses. Sie setzen einen Anfang oder ein Ende. Und ganz wichtig: Rituale haben eine gewisse spirituelle Funktion, in dem sie auch Fragen nach dem Sinn stellen, wie „Wer bin ich eigentlich?" oder „Wohin gehe ich?"

Rituale tun uns Menschen gut und es vollzieht sich (leider) gerade ein kultureller Wandel bei Festtags-Ritualen: Viele Menschen wissen gar nicht mehr die Bedeutung und den Hintergrund von (kirchlichen) Feiertagen, so dass diese nur noch zum Beschenken und Essen verkommen. Es entsteht eine Leere, da das Ritual des gemeinsamen Kirchgangs, des Besuchs auf dem Friedhof oder auch das Vermeiden von gemeinsamen Familienfeiern immer mehr um sich greift. Die Medien machen mit und die allgemeinen Begrifflichkeiten, die Ostern zum Frühlingsfest und Sankt Martin nur noch zum Laternenfest degradieren, tun ihr Übriges. Da geht so einiges Haltgebendes verloren, was uns auch in einer persönlichen Krise helfen könnte.

Manchmal kann es auch passieren, dass man abends gar nicht weiß, was man tagsüber eigentlich gemacht hat? Dass man gar nicht merkt, dass man gelebt hat. Ist das nicht schlimm? Der Tag ist rum. Vorbei. Unwiederholbar. Was habe ich denn den ganzen Tag gemacht? War ich zufrieden? Habe ich ein gutes Gespräch geführt? War ich für jemanden da? Oder jemand für mich? Der Tag zerfließt im Banalen...

Daher brauchen wir kleine Auszeiten. Kleine Rituale oder auch größere, die dem Tag eine Struktur geben, die uns zeigen, dass wir leben. Dass der Tag lebenswert und liebenswert ist. Das ist immens wichtig!

In der Krise fehlen oft die Alltagsrituale oder man stoppt sie.

Der Mediziner und Psychotherapeut Dr. Ruediger Dahlke beklagt einen Mangel an funktionierenden Ritualen, die uns Übergänge im Leben erleichtern oder schwere Lebensphasen überwinden helfen. Er spricht hier von *Übergangskrisen des Lebens*, die mit etablierten Ritualen leichter zu bewältigen sind oder wären. Hier nur kurz am Rand erwähnt, da es nicht unser Thema ist. Beispielsweise die Firmung oder Konfirmation als Ritual. Heute ist eher die Führerscheinprüfung ein Zeichen des Erwachsenwerdens.

„Wenn Du die Absicht hast, Dich zu erneuern, tu es jeden Tag."

KONFUZIUS

Wie kannst du neue gesunde Rituale etablieren? Einige Ideen für Rituale. Such dir einfach aus, was zu dir passt. Ergänze und erfinde neu!

1. **Begrüße dich selbst** mit einem fröhlichen Guten Morgen. Wende dich dir selbst positiv zu. Und wenn dein nächster Gang ins Bad und vor den Spiegel ist, schaue hinein und sage dir etwas Aufmunterndes als Ritual. Jeden Morgen. Beispielsweise: „Schön, dass es dich gibt" oder „Das wird ein guter Tag" oder „Du schaffst das".

2. Beginne den Tag mit **deinem Lieblingsgetränk**. Freue dich auf deinen Lieblingskaffee und auf den Duft oder deinen Lieblingstee.

3. Vielen Menschen tut auch ein **Glas Wasser** auf nüchternen Magen gut. Gerne auch lauwarm. Probiere es aus.

4. **Mache dein Bett**! Ganz im Ernst. Dann hast du die erste Sache des Tages gemeistert und kannst die nächste Aufgabe angehen. Und solltest du einen echt miesen Tag gehabt haben, kommst du abends an dein Bett und das zumindest sieht toll aus, weil es gemacht ist. Das gibt Struktur! Zudem signalisiert es dem Gehirn, dass alles in Ordnung ist (kleine Wiederholung aus dem vorderen Teil).

5. **Düfte** können ganz wunderbar belebend sein. Hast du Kräuter im Topf in der Küche oder im Garten? Geh ruhig mal daran vorbei und streife mit den Händen hindurch. Dieser Duft ist belebend und richtet auf. Beispielsweise Rosmarin oder auch der heilende Salbei. Wenn dir das nicht zur Verfügung steht, kannst du mit einem Duftöl arbeiten und einige Tropfen in eine Duftlampe geben, oder einen Tropfen auf den Scheitelpunkt deines Kopfes. Dann begleitet er dich durch den Tag.

6. Schaffe dir **Ruhepunkte im Alltag**. Ein kleines Ritual der Stille: Stelle dich ruhig hin und komme zur Ruhe. Halte mehrmals am Tag inne. Bringe den Atem zur Ruhe und gehe in dich. Dabei kannst du Kraft sammeln und wenn du magst, auch eine Affirmation in Gedanken durchgehen. Das ist wunderbar erfrischend.

7. Wecke das Chi: Reibe deine Hände aneinander. Das weckt die **Lebensenergie** und entspannt. Stehe dabei hüftbreit da und reibe mit den Händen in einem Zentimeter Abstand über das Gesicht. Oder berühre dein Gesicht dabei, wenn du magst. Das belebt und bringt Energie in den Körper. Dann nochmals die Hände aneinanderreiben und über die Nieren massieren. Das belebt das Chi des Körpers und macht dich wach.

8. Wie ist es in der Arbeit? Hast du ein **Pausenritual**? Wie kannst du hier Kraft tanken? Wie wäre ein Spaziergang oder eine bestimmte Pause? Vielleicht haben Kollegen hier auch eine Idee, die ihr gemeinsam etablieren könnt?

9. Wie wäre ein **Ritual mit Freunden**? Gar nichts Aufwändiges, aber etwas Beständiges sollte es sein. Jeden Freitag Spaghetti-Essen oder einmal im Monat zum Lieblings-Griechen oder einmal pro Quartal zum Bowling?

10. Viele Rituale gehen **sehr gut allein**. Und helfen bei der Verarbeitung von Stress, traurigen Gedanken oder vertreiben das Gefühl, alleine zu sein. Horche in dich hinein, was für dich passt: Eine Kerze anzünden und dabei ein gutes Buch lesen? Oder ein entspannendes Bad als Ritual zum Loslassen?

11. **Kaufe dir selbst Blumen.** Beschenke dich. Mach das zu einem Wochenend-Ritual. Das macht Freude, den Raum schöner und gibt Kraft für den Montag.

12. Geh jeden Tag **an die frische Luft.** Das stärkt die innere Balance.

13. Wenn das nicht geht: **Schaue** für einige Minuten **aus dem Fenster** und lasse die Seele baumeln. Dies ist eine wohltuende Änderung der Perspektive.

14. Vielleicht hilft es dir auch, vor dem Einschlafen noch **ein Buch zu lesen.** Probiere es aus und wenn es für dich passt, kannst du ein Ritual daraus machen. Vielleicht erinnerst du dich, dass dir in Kindheitstagen das Vorlesen besonders gutgetan hat?

15. Am Abend tut es dir vielleicht gut, **dich zu bedanken.** Bedanke dich beim Tag, selbst wenn er mies war. Der Tag selbst kann nichts dafür. Beispielsweise so: „Vielen Dank für mein Leben heute, auch wenn es kein guter Tag war" oder „Danke für den Tag, selbst wenn vieles echt mies war."

16. Je nach Typ hilft auch das abendliche Führen eines **Tagebuchs**. Hier kannst du deine Gedanken aufschreiben und vor allem den Tag abschließen. Viele empfehlen ein Dankbarkeitstagebuch. Ich denke aber, dass das in Krisenzeiten nicht so gut ist. Ich finde ein paar Sätze zu freudigen Ereignissen des Tages besser. Denn das können auch ganz kleine Dinge sein, falls der Tag nicht wirklich etwas Großartiges geboten hat. Beispielsweise: Mein Latte Macchiato hat heute so lecker geschmeckt. Ich habe mich über das kleine Lächeln des Nachbarbabys gefreut.

17. Wenn du mit jemandem zusammenlebst, dann beende jeden Tag mit einem **Gute-Nacht-Kuss**. Lass diesen niemals aus und nimm das gute Gefühl mit in den Schlaf.

Das sind nur einige Ideen, damit du leichter einen Anfang finden kannst. Probiere einfach aus, was für dich passt und denke vielleicht auch mal darüber nach, was dir aus deiner eigenen Kindheit auch heute noch guttun könnte. Oder welche Rituale du in deiner Familie aufleben lassen könntest oder gerne etablieren würdest.

„Achte auf deine Gedanken, denn sie werden Worte. Achte auf deine Worte, denn sie werden Handlungen. Achte auf Deine Handlungen, denn sie werden Gewohnheiten. Achte auf Deine Gewohnheiten, denn sie werden dein Charakter. Achte auf Deinen Charakter, denn er wird Dein Schicksal."
TALMUD

Kurzer Exkurs: Das machen erfolgreiche Persönlichkeiten jeden Tag als Ritual

Es ist nicht einfach, auf Knopfdruck Dinge zu ändern und schon gar nicht die eigene Grundstruktur. Ich finde es allerdings gut und hilfreich, sich daran zu orientieren, was andere Menschen tun. Und gerade Menschen, die erfolgreich sind, die ich bewundere. Denn diese Leute bewahren oftmals Rituale, die ihnen Halt geben und über die sie nicht explizit nachdenken müssen.

Und wenn du in der Liste nur eine kleine Sache entdeckst, die du gerne machen würdest, kannst du diese ja mal probieren, ob sie dir guttut. Und wenn ja, versuche das jeden Tag zu machen, um deine innere Kraft zu stärken.

1. **Starke Menschen sind zuversichtlich und positiv in ihrer Grundeinstellung.**
   Sie sind eher gutgelaunt und beginnen den Tag positiv. Sie agieren realistisch und bewerten Probleme nicht größer als sie sind. Negative Gedanken nehmen sie hin und geben ihnen aber kein großes Gewicht, so dass das eigene Selbstbewusstsein stabil bleibt.

2. Starke Menschen **nehmen ihre Probleme aktiv in Angriff** und versuchen, abends vor dem zu Bett gehen, diese loszulassen und tagsüber aktiv, die Situation zu verbessern.

3. Sie sind der wichtigste Mensch in ihrem Leben und **nehmen sich Zeit für sich selbst**. Für ihre Gesundheit, Weiterentwicklung und für wichtige Auszeiten. Sie hinterfragen sich und gehen in Reflektion, was Kraft bringt.

ÜBUNG: Probiere den Start in den Tag mit einer Mor- genroutine

Hier sind einige Vorschläge. Eine Morgenroutine funk- tioniert dauerhaft für dich nur dann, wenn sie passt.

Also probiere einfach herum. Es kommt auch darauf an, welche Art von Krise du gerade durchlebst, ob du ar- beitest oder vielleicht krank bist. Dann unterscheidet sich die Routine natürlich. Aber zur Strukturierung des Tages und um ein tieferes Abgleiten zu vermeiden, helfen geord- nete Tagesabläufe.

Hier ein möglicher Ablauf:

- Stehe zur gleichen, für dich gut passenden, Uhr- zeit auf.

- *Trinke ein Glas Wasser oder dein Lieblingsgetränk*
- *Lasse frische Luft in dein Leben. Du kannst etwas Gymnastik machen oder nur gut lüften. Wie es für dich passt.*
- *Mache Dein Bett!*
- *Frühstücke etwas. Was du möchtest, aber starte mit einer (kleinen) Mahlzeit in den Tag.*
- *Probiere eine kurze Meditation aus. Wenn das passt, dann mache ein Ritual daraus und starte möglichst entspannt in den Tag.*

Positive Psychologie funktioniert

Was ist Positive Psychologie?

Positive Psychologie ist ein Teilbereich der Psychologie, der sich mit dem Glück beschäftigt. Man nennt sie auch die **Wissenschaft des gelingenden Lebens**, was mir sehr gut als Titel gefällt.

Früher verband man Psychologie nur mit psychischen Krankheiten, Depression und „auf der Couch herumliegen á la Sigmund Freud". Es ging darum, wie man Krankheiten heilen oder eindämmen kann und behandelte nur Defizite. Also Themen, die weitestgehend negativ besetzt sind und vergangenheitsorientiert waren.

Stärken fördern, das Leben positiv betrachten, neue Perspektiven aufzeigen und vieles mehr. Das war es, was

Martin Seligman[23] neu einführte und fortan positive Psychologie nannte. Er setzte alles daran, den Blick umzudrehen und erfreuliche Gefühle zu nutzen, zur Steigerung des Wohlbefindens einzusetzen und zu formen. Er stellte Forschungen dazu an und fand heraus, dass Glücksgefühle heilsam sein können. Dass glückliche Menschen länger leben und auch weniger anfällig sind für Depressionen oder psychische Erkrankungen. Die Theorie des Wohlbefindens kürzte er ab: PERMA. Dabei steht das P für positive Emotion, E für Engagement oder Flow, R für Relationships (Verbindungen, Beziehungen), M für Meaning (Bedeutung, Sinn) und A für Accomplishment (Leistung, Zielerreichung).

Die positive Psychologie zielt darauf ab, sich auf Wohlbefinden und Achtsamkeit im Leben zu fokussieren, um sich dauerhaft auf positive Emotionen, Talente und Stärken zu besinnen und ein glücklicheres, sinnerfüllteres Leben zu führen.

Dabei gibt es Forschungen, die besagen, dass sich das Glück und Glücksempfinden des Einzelnen in drei Bereiche einteilt:

---

[23] Martin Seligman ist der Begründer der Positiven Psychologie, wobei die Wurzeln bereits früher, im Jahr 1954, auf Abraham Maslow (Bedürfnispyramide) zurückgehen.

50% hängen am Charakter (genetisch), 10% von Ereignissen in unserem Leben ab und ganze 40% von unserem TUN!

Diese 40% können wir beeinflussen und hier setzt die positive Psychologie an!

Die zehn wichtigsten positiven Emotionen Nach der Broaden & Built-Theorie, die wir verstärken können:

1. Freude	6. Stolz
2. Dankbarkeit	7. Vergnügen
3. Gelassenheit	8. Inspiration
4. Interesse	9. Bewunderung
5. Hoffnung	10. Liebe

Und ist dir schon mal aufgefallen, wie unterschiedlich sich gute und schlechte Emotionen anfühlen?

Wie lange es dauert, bis wir ein negatives Erlebnis emotional wieder loslassen oder vergessen können? Wie lange uns das nachhängt, beschäftigt, ja nachts den Schlaf raubt, da die Gedanken (schier unendlich) kreisen?

Erstaunlich finde ich dabei das Ungleichgewicht zwischen negativen und positiven Gefühlen: Denn, um ein negatives Gefühl auszugleichen, benötigt man mehrere positive Gefühle. Meistens ist hier das Verhältnis 3:1. Wobei bei den meisten Menschen nur ein 2:1-Verhältnis besteht, so dass die positiven Gefühle zwar überwiegen, aber der Ausgleich nicht komplett stattfindet, so dass es nicht genug ist, um wirklich glücklich oder positiv zu sein.

Zunehmend wichtiger - gerade auch in der Arbeitswelt - wird deshalb die Sinnhaftigkeit des Tuns. Laut einer Studie von Gallup fühlen sich 70% der deutschen Arbeitnehmer nur wenig an ihren Arbeitsplatz gebunden und sehen nur wenig Sinn in ihrem Tun. 15% haben schon völlig damit abgeschlossen. Daher sollte man auch in der Organisations- und Personalentwicklung auf die sinnstiftenden positiven Aspekte eingehen, um etwas für die Menschen zu tun.

Diese fünf Elemente sind für ein glückliches Leben wichtig:

1) **Positive Gefühle**
2) **Anteilnahme, Flow**
3) **Sinnhaftigkeit des Tuns**
4) **Erfolge**
5) **Gute und positive Beziehungen zu Mitmenschen**

Das Gefühl von Flow, also völlig eins mit dem zu sein, was man gerade tut. Völlig darin aufzugehen, sich positiv darin zu verlieren, wäre das Optimum. Leider ist dieses Gefühl gar nicht so häufig.

Ich kenne dieses „sich komplett vergessen und versenken" noch vom Musizieren. Das ist ähnlich wie bei Kindern, die so im Spielen sind, so abtauchen, dass sie sich, die Zeit und ihre Umgebung komplett vergessen. Das ist wunderbar und sollte eigentlich niemals verloren gehen. Wie schade.

Lächeln - das dürfen wir nie vergessen oder unterschätzen

Mir liegt es sehr am Herzen, an dieser Stelle die **positive Wirkung eines Lächelns** zu erwähnen. Lachen wirkt positiv auf unsere Gesundheit. Es setzt Glückshormone frei, baut Stress ab und stärkt sogar ein bisschen das Immunsystem.

ÜBUNG: LÄCHELN
Und jetzt kommt das Beste: Selbst, wenn uns gerade gar nicht nach Lachen zumute ist, hilft es schon, einfach mal die Mundwinkel nach oben zu ziehen und die Stimmung verbessert sich. Wenn es ganz schlimm ist, nimm einen Holzlöffel oder Stift zwischen die Zähne. O.k. sieht blöd aus, hilft aber, da sich die Gesichtsmuskulatur genauso verzieht wie bei einem Lächeln.

Allerdings will ich auch die Grenzen der positiven Psychologie nicht außer Acht lassen, da sie logischerweise kein Allheilmittel ist oder sein kann. Suche dir bitte einen Therapeuten, wenn es dir wirklich schlecht geht. Oder rufe bitte zumindest jemanden an. Alle Empfehlungen in diesem Buch wirken nur begleitend. Falls wirklich eine Depression, ein Burnout oder ganz tiefe Hilflosigkeit da ist, kann dieser kleine Ratgeber nicht ausreichend helfen.

ÜBUNG: Positive Emotionen (überhaupt) wahrneh-men

Die Wahrnehmung geht hier über das Notieren, das Festhalten der Emotionen. Dann wirkt sie auch wie ein Speicher für schlechtere Zeiten.

Du kannst beispielsweise eine Art Tagebuch führen und wenn du willst, kannst du es auch Erfolgstagebuch oder Dankbarkeitstagebuch nennen. Hier kannst du auf diese Fragen eingehen: Was habe ich heute getan, das mit gutgetan hat? Was hat heute gut funktioniert? Habe ich für jemanden etwas Gutes getan? Für jemanden einen Unterschied gemacht? Wofür kann ich heute dankbar sein?

Hierzu gibt es eine wunderbare kleine Geschichte: Drei Bauarbeiter behauen Steine. Da kommt ein Kind vorbei und fragt den ersten: „Was tust du da?" Der: „Ich klopfe Steine." Dann wendet sich das Kind an den zweiten. Dieser sagt: „Ich verdiene Geld für meine Familie." Als der dritte gefragt wird, antwortet dieser mit einem Leuchten in den Augen: „Ich baue eine Kathedrale."

ÜBUNG: Verstärkung von positiven Emotionen, Stärken und Ressourcen

Richte deinen Fokus auf Dinge, die funktionieren und erinnere dich an positive Momente in deinem Leben.

Nimm deine Stärken bewusst wahr und richte den Blick in die Zukunft statt in die Vergangenheit.

„*Das ganze Leben ist ein ewiges Wiederanfangen.*" HUGO VON HOFMANNSTHAL

ÜBUNG: Soziale Beziehungen pflegen oder (wieder)beleben

Besinne dich auf deine Freunde. Auch nur auf eine Freundschaft. Die genügt schon, um glücklicher zu sein. Falls im Moment gerade Ebbe ist, versuche, alte Freundschaften wiederaufzufrischen. Denn es ist egal wie viele Freunde du hast, die Interaktion und das Gefühl der Verbundenheit ist entscheidend. Dabei macht es auch nichts, wenn die Beziehung eine Zeitlang geruht hat.

Oder noch ein Gedanke:
Überlege dir, wem du helfen könntest.

ÜBUNG: Neue positive Gewohnheiten annehmen

Mach es dir gemütlich und dann:

- *Stelle dir eine positive Erinnerung genau vor mit lebhaften Bildern, im Kopf oder mit Fotos.*
- *Nutze dabei alle Sinne. Stell dir vor, wie es gerochen hat, was du gefühlt hast, ob jemand etwas gesagt hat.*
- *Teile die schönen Momente mit anderen Menschen. Dadurch verfestigst du die Erinnerungen.*

ÜBUNG: Dankbarkeit

In das weiter oben genannte Tagebuch kannst du auch drei Dinge schreiben, für die du dankbar bist.

Eine andere Variante wäre ein Dankbarkeitsbrief an jemand besonderen zu schreiben. Schreibe auf, was diese Person besonderes für dich getan hat und warum du dafür dankbar bist. Wenn du magst, kannst du ihn der Person geben oder ihn sogar vorlesen. Es geht hier aber vielmehr ums Schreiben und die positiven Gefühle dabei. Deshalb macht es auch nichts, wenn du den Brief für dich behältst. Einfach so wie es eben passt.

Eine Alternative, die sehr befreiend sein kann: Schreibe einen Brief, in dem du jemanden vergibst.

ÜBUNG zum sofortigen Besser-Fühlen:

Diese Übung ist immens wichtig und hilft dann, wenn es dir mal wieder nicht gut geht. Am besten übst du, wenn es dir sehr gut geht, denn hier geht es darum, etwas vorzubereiten.

- *Start: nimm dir ein paar Minuten Zeit und überlege dir, drei Maßnahmen, die du ergreifen kannst, damit du dich besser fühlst und schreibe diese auf.*
- *Hänge diese drei oder mehr Punkte an deinen Kühlschrank oder einen Platz, wo du sie im Fall der Fälle gut und leicht finden und anwenden kannst.*

Beispiele: *Das Lieblingsbuch lesen*
Person xx anrufen
Jemanden eine Freude machen
Sport machen
Spazieren gehen
Lächeln, zur Not mit dem Bleistift zwischen den Zähnen
Einen Kuchen backen
Höre einen lustigen Podcast oder schaue ein bisschen Comedy
Wie geht dein Lieblingswitz?

ÜBUNG: Der Freundlichkeitstag[24]

Stärken stärken. Das steht ganz vorne dran bei der positiven Psychologie. Und die Freundlichkeit ist eine wichtige Charakterstärke. Hier kannst du deiner Kreativität freien Lauf lassen und einfach mal überlegen, was du anderen Menschen heute Gutes tun könntest. Und dabei geht's nicht darum, Unsummen auszugeben oder das

---

[24] Auf Englisch: „Random Acts of Kindness"

riesenhafteste Geschenk zu machen. Nein, es geht um die kleinen Freuden des Lebens, die du anderen spendieren kannst. Für die Familie, Freunde, Bekannte, in der Arbeit oder auch für Fremde. Am besten wirklich mehrere kleine Freundschaftsdienste an einem Tag, dann ist der Impact am Größten. Das geht spontan oder auch geplant. Dann könntest du sogar Freundlichkeiten verstecken...

Einige Vorschläge:

- Schicke jemandem einen Smiley
- Lächle Menschen auf der Straße an
- Bringe einem Menschen in der Arbeit ein Eis oder ein Stück Kuchen mit
- Lass das Wechselgeld im Fahrkartenautomat liegen
- Sei großzügig mit Komplimenten
- Lass Jemandem die Vorfahrt, obwohl es deine wäre
- Schreibe einen liebevollen Brief
- Fege das Treppenhaus, obwohl du gar nicht dran bist
- Übernehme das Protokoll in der Besprechung für einen Kollegen
- Bringe Blumen mit
- Sei einfach für jemanden da

Resilienz macht dich ruhiger

Mit dem Begriff „Resilienz[25]" kam ich das erste Mal vor einigen Jahren in Kontakt. Das war auf Schloss Zeilitzheim bei einem NLP Kongress von Stefan Landsiedel. Ich fand das Thema wirklich interessant, kaufte nach dem Vortrag sofort ein Buch und seit dieser Zeit begleitet mich die „Lebenseinstellung" Resilienz. Ich habe seither auch in meiner Vorstellung ein klares Bild von Resilienz, denn im Vortrag ging es wiederholt um dicke stabile Bambusrohre. Das dort beschriebene Bild des Bambus, der sich im Wind sehr elastisch biegen kann, ansonsten sehr fest und stabil ist, gibt mir persönlich Halt. Laut dem Zukunftsforscher Matthias Horx ist die Resilienz, also die Fähigkeit mit großen Herausforderungen gut umzugehen, einer der wichtige Zukunftstrends.

---

[25] Die amerikanische Psychologin Emmy Werner gilt als die erste Resilienzforscherin. Mehr als 40 Jahre begleitete sie mit einem Team die unterschiedliche Entwicklung von etwa 700 Kindern auf Hawaii. Der Begriff wird auch in der Physik (Werkstoffkunde) verwendet und steht dafür, dass man einen Stoff verformen kann, er aber wieder in die ursprüngliche Form zurückfindet.

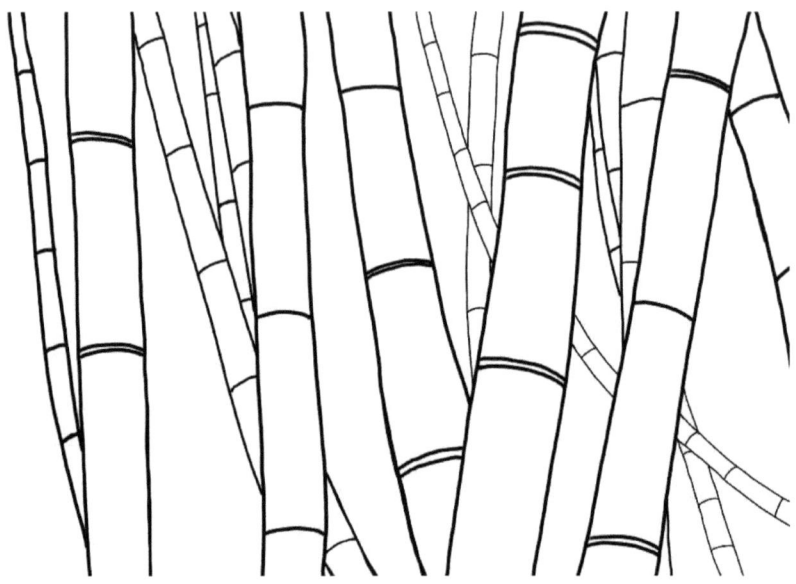

Seither beschäftige ich mich mit dem Thema Resilienz und beobachte, dass manche Menschen Krisen und Probleme leichter bewältigen als andere. Dass das relativ gleiche Thema oder Problem die eine Person umhaut, ja aus der Bahn wirft und die andere Person, das Anstehende erledigt, sich schüttelt und weitergeht.

Was bedeutet das Prinzip der Resilienz denn überhaupt?

Resiliente Menschen können schwere Lebenskrisen ohne anhaltende oder bleibende psychische Schäden überstehen. Sie erholen sich schneller von Krisen oder gehen aus belastenden Situationen manchmal sogar stärker hervor. Sie mobilisieren ihre inneren Kräfte und haben sich oftmals eigene Strategien zur Bewältigung von Krisen angeeignet. Oft unbewusst und ganz ohne Lehrbuch. Aus der Intuition heraus

Resilienz steht für Widerstandsfähigkeit, Anpassungsfähigkeit, „wieder aufstehen", psychische Elastizität, dem positiven Umgang mit Krisen, das Mobilisieren innerer Kräfte, ...

Kennst du das?

Prinzessin fällt hin. Macht nix. Aufstehen, Krone richten und weitergehts!

Dieses Bild mag ich total gerne und habe es für mich verinnerlicht.

Es hilft!

Bringt mich zum Schmunzeln, rückt so manches Problem ins rechte Licht und bringt mich dazu, nicht aufzugeben und weiterzumachen.

Wichtig finde ich, dass Krisen ohne bleibende Beeinträchtigungen durchgestanden werden. Dabei ist Resilienz nicht angeboren, sondern eine Fähigkeit, die man erlernen und trainieren kann. Bereits in der Kindheit gibt es Faktoren, die die Resilienz eines Kindes fördern. Und auch jetzt ist genau der richtige Zeitpunkt, Resilienz zu lernen, beziehungsweise die vielen guten Eigenschaften, die du bereits hast und gar nicht weißt, dass sie resilient sind, zu stärken und dir bewusst zu machen.

Es geht um „mentale Abhärtung"! Eine Weiterentwicklung durch die Krise, die uns dann widerstandsfähiger macht. Fast wie eine Art Immunisierung für die Seele.

Die Idee der Resilienz ist schon sehr alt, was sich in gewissen Sprichwörtern widerspiegelt:

Unkraut vergeht nicht
Ein Indianer kennt keinen Schmerz.
Was nicht tötet, härtet ab.
Nur die Harten kommen in den Garten.

„Freude ist die Gesundheit der Seele." ARISTOTELES

Wie agieren resiliente Menschen? Welche Eigenschaften haben resiliente Menschen?

- Sie lassen sich von Schicksalsschlägen, Krisen und Traumata nicht unterkriegen.
- Sie denken positiv und lösungsorientiert.
- Sie reagieren kreativ, flexibel und umsichtig auf eine Krise, anstatt den Kopf in den Sand zu stecken oder sich hilflos zu fühlen.
- Sie stellen sich Herausforderungen und versuchen zumindest, das Beste daraus zu machen.
- Sie erinnern sich an positive Erfahrungen in schwierigen Situationen.
- Sie akzeptieren das Vergangene.
- Für sie gibt es keine unlösbaren Krisen, sondern Chancen.
- Sie tun ihr Bestes, um in Krisenzeiten körperlich und seelisch gesund zu bleiben. Sie arbeiten an sich und bleiben am Ball.
- Sie sind flexibel und offen für Veränderungen.
- Sie haben ein positives Selbstbild und sind lebensbejahend.
- Humor, Ausdauer und Kraft zeichnen sie aus.

- Sie fragen nach Hilfe, wenn sie nicht mehr weiterkommen.
- Sie denken, dass es noch so viele Dinge im Leben gibt, die bleiben und funktionieren.
- Sie sehen die Welt so: Wenn andere das geschafft haben, dann schaffe ich das auch.[26]

Sieben Säulen der Resilienz

Die sieben Säulen können auch als sieben Standbeine betrachtet werden, auf denen wir stabil und sicherer durch Krisen wandern können.

Erste Säule: Optimistisch sein

Resiliente Menschen haben ein positives Weltbild und ein optimistisches Selbstbild.

- Schaue zuversichtlich in die Welt
- Rechne mit dem Besten
- Vertraue in die Zukunft
- Mache das Bestmögliche aus der Situation

Helfender Satz: „Das wird schon wieder werden."

---

[26] Das ist eines meiner persönlichen Mantren, mit dem ich mich schon durch so manche Krise, unangenehme Situation oder Krankheit gebracht habe.

Zweite Säule: Akzeptanz und Gefühlsstabilität

Resiliente Menschen nehmen das Leben so, wie es kommt, mit allem was es bringt.

- Akzeptiere dich so wie du bist
- Finde dich mit Dingen ab, die wirklich niemand ändern kann
- Treffe bewusste Entscheidungen
- Stelle dich der Realität

> **Helfender Satz: „Ist halt jetzt so und ich werde damit fertig."**

Dritte Säule: Selbststeuerung / Selbstwirksamkeit

Resiliente Menschen glauben an die eigenen Fähigkeiten.

- Du wirst diese Krise bewältigen
- Du schaffst das

> **Helfender Satz: „Ich habe die Fähigkeit in mir, das zu schaffen. Ich kann!"**

Vierte Säule: Eigenverantwortung Handlungskontrolle

Resiliente Menschen übernehmen Verantwortung für ihr Leben.

- Besinne dich auf deine Stärken
- Schaue auf das, was möglich ist.
- Komme ins Tun

- Vertraue auf deine Selbstwirksamkeit
- Geh raus aus der Opferrolle (falls du drin bist)

Helfender Satz: „Ich löse dieses Problem oder versuche es zumindest."

Fünfte Säule: Kontaktfreude und Netzwerkorientierung

Resiliente Menschen pflegen gute Beziehungen nehmen in schweren Zeiten auch die Unterstützung von Freunden an.

- Finde Halt im Team, in Kontakt zu anderen Menschen
- Suche aktiv nach Kontakten
- Vertraue anderen

Helfender Satz: „Ich habe helfende Freunde."

Sechste Säule: Lösungsorientierung und Verantwortung übernehmen

Resiliente Menschen orientieren sich an Lösungen und versuchen, diese auch umzusetzen

- Suche nach Lösungen
- Sei dir deiner (Mit-)Verantwortung bewusst
- Trage die Konsequenzen
- Wechsle die Perspektive und finde neue Wege

Helfender Satz: „Ich finde die Lösung und setze sie um."

Siebte Säule: Zukunft planen

Resiliente Menschen sehen in jedem Problem eine Chance und lenken ihre Energie auf die angestrebten Ergebnisse.

- Werde aktiv, fange an
- Erkenne die wichtigen Dinge
- Sei dir deiner eigenen Wünsche bewusst
- Du hast es in der Hand, etwas als Problem oder als Option zu betrachten

Helfender Satz: „Ich sehe die Chance im Problem und plane meine Zukunft.“

Wie kannst du resilienter werden und deine körperliche und seelische Stärke fördern?

- Du stärkst dein ureigenes Selbstvertrauen, indem du darauf vertraust, dass du genügend Kraft hast, die Krise durchzustehen und Lösungen zu finden.
- Du bist kein Opfer. Du handelst aktiv und übernimmst Verantwortung für dich und dein Leben.
- Du vertraust auf deine Selbstwirksamkeit[27], dass du selbst das Ruder in der Hand hast und wirklich etwas tun kannst.
- Du bittest um Hilfe, wenn du sie brauchst. Du traust dich.
- Du bist optimistisch. Das gelingt dir besser, je öfter du es übst und fühlst.
- Du suchst nach Lösungen für deine Themen. Du bist kreativ und gibst nicht auf.
- Du trainierst deine Widerstandskraft immer wieder. Du bleibst dran, das Training macht dich resilienter. Wie ein Fitnessstudio für deinen Widerstandsfähigkeitsmuskel.
- Du planst für die Zukunft und freust dich auf den Weg dorthin. Dabei nimmst du das Hier und Jetzt bewusst wahr.
- Du gibst nicht auf, bleibst dran.

---

[27] Selbstwirksamkeit: Die Überzeugung, dass man Fähigkeiten hat, mit denen man Probleme und bestimmte Aufgaben bewältigen kann, wenn die Situation da ist.

Kleine sofort-helfende Faktoren für mehr Resilienz im Erwachsenenleben:

- Mach dein Handy öfter einfach mal aus. Mach dich davon freier.
- Nutze den Feierabend wirklich zur Erholung.
- Wie wäre es mit mehr Sport und Bewegung.
- Trainiere deine Konfliktfähigkeit.
- Plane schöne Freizeitaktivitäten. Es ist wichtig, dass du etwas hast, worauf du dich freust.
- Richte dich aus auf die Lösung von Problemen.
- Sei eingebunden. Wie wäre es mit einem Ehrenamt?
- Esse und lebe gesünder und nachhaltiger.
- Achte auf genügend Schlaf.
- Sei optimistischer.
- Erkenne deine eigenen Muster, wie du funktionierst und versuche, diese zum Positiven zu verwandeln.

„Das Glück liegt in uns, nicht in den Dingen."
FRANCOIS DE LA ROCHEFOUCAULD

Achtung

Niemand kann unendlich durchhalten. Es gibt Themen, die hauen den stärksten und resilientesten Elefanten um. Und manchmal kommt es auch ganz Dicke, wenn beispielsweise ein Trauerfall, schwere Krankheit, Verlust des Arbeitsplatzes oder ein schwerer Unfall zusammenkommen.

Bitte suche dir Hilfe, wenn es zu viel wird und du selbst nicht mehr weiterkommst.

DAS GELASSENHEITSGEBET AUS DEN USA[28]

„Gib mir den Mut, zu ändern, was ich ändern kann. Gib mir die Kraft, zu akzeptieren, was ich nicht ändern kann, und gib mir die Weisheit, das eine vom anderen zu unterscheiden.

- Reinhold Niebuhr (Theologe USA) -

---

[28] Ich glaube, dass insbesondere die Gruppen der Anonymen Alkoholiker in den USA dieses Gebet praktizieren und man dies aus Filmen so kennt. Ich zumindest.

Einige Entspannungstechniken - kurz beschrieben

Da eine Krise für die meisten Menschen immensen körperlichen wie seelischen Stress bedeutet, ist es wichtig, für Ausgleich zu sorgen. Also Bewegung, Entspannung und Entlastung für Körper und Seele. Das hilft dir, Stress abzubauen, ins Gleichgewicht zu kommen und dieses auch (einigermaßen) zu halten. Ein guter und leichter Einstieg ist ein täglicher Spaziergang. Gerade Bewegungen, die in einem gleichmäßigen Rhythmus ausgeführt werden wie Spazierengehen, Joggen oder Walken, Schwimmen, Radfahren, Langlauf oder Inlineskaten, tun dem Körper sehr gut.

Um dir einen kleinen Überblick zu geben, habe ich ein paar Entspannungstechniken aufgeführt, von denen ich denke, dass sie gut zu erlernen sind und hoffe, dass du sie ausprobierst, vielleicht eine oder zwei für dich entdeckst und die du vielleicht in dein Leben einbauen kannst.

Die Entspannungstechniken sind in alphabethischer Reihenfolge aufgeführt. Beginnend mit der Atmung. Das mag vielleicht banal klingen, ist aber elementar wichtig und die Entspannungstechnik, die „immer geht", da wir permanent atmen müssen.

Atemübungen

Dieses kleine Entspannungsinstrument haben wir „immer dabei". Wenn wir gestresst, traurig, resigniert oder niedergeschlagen sind, atmen wir meist flacher und sind verkrampft. Wenn du richtig atmest, gelangt mehr Sauerstoff in deinen Körper, die Luft kann ungehindert fließen und es kann dir leichter gelingen, Stress und Anspannung in den Griff zu bekommen. Mir wurde das so richtig bewusst, als ich mir vor etwa zwei Jahren eine Pulsuhr gekauft habe. Durch die sichtbare Anzeige meines Pulses konnte ich direkt sehen, wie ich mich mit den nachfolgenden kleinen Atemtechniken entspannen konnte, ruhiger wurde und mein Puls langsam sank.

Seither versuche ich, diese Atemübungen in meinen Alltag zu integrieren und es geht mir sehr gut damit.

Bauch-Atmung: Lege die Hände auf deinen Bauch, atme tief durch die Nase ein und versuche, den Atem an die Stelle zu lenken, wo die Hände sind. Dein Bauch hebt und senkt sich sanft.

Rücken-Atmung: Wenn du im Rücken verspannt bist, kann diese kleine Übung Verspannungen lösen. Setze dich auf einen Stuhl, beuge dich leicht nach vorne und atme bewusst ein- und aus. Der Rücken wird dabei leicht gedehnt. Mir hilft es, dabei auch bewusst an den Rücken zu denken und ihm gedanklich „Weite zu geben".

Nieren- und Flanken-Atmung: Lege deine Hände auf den unteren Rücken und lenke deinen Atem an die Stelle der Hände. Das entspannt und lockert den Rücken und die Organe.

Brust-Atmung: Bei dieser Atmung legst du deine Hände unter die Schlüsselbeine und spürst wie sich der Brustraum unter deinen Händen durch tiefes Atmen hebt und senkt.

Wenn du gerade unterwegs bist, an der Kasse anstehst oder Auto fährst. Dann kannst du die bewusste Atmung auch ohne das Auflegen der Hände durchführen und wirst einen entspannenden Effekt spüren. Je besser du das geübt hast, desto leichter gelingt die Übung auch im Alltag.

Autogenes Training

Autogenes Training basiert auf Autosuggestion und wurde von dem Berliner Psychiater Johannes H. Schultz um 1920 entwickelt. Er fand heraus, dass die meisten Menschen in der Lage sind, allein durch die Vorstellung eine tiefe Entspannung herbeizuführen und entwickelte daraus die Entspannungsmethode Autogenes Training.

Beim Autogenen Training gibt es drei Stufen, die man üben kann:

In der Grundstufe geht es um Techniken für das vegetative Nervensystem. Bei den sogenannten Organübungen werden die Funktionen der einzelnen Organe reguliert und in der dritten Stufe werden die typischen Formeln geübt, die das Unterbewusstsein auf Entspannung einstellen. Autogenes Training kann im Sitzen oder Liegen geübt werden.

Das Erlernen der Methode geht am besten über ein Buch, ein Hörprogramm oder einen Kurs. Bücher mit MP3-Beigaben findest du in der Literaturliste.

„Zeit, die wir uns nehmen, ist Zeit, die uns etwas gibt."
ERNST FERSTL

Meditation

Es gibt unterschiedlichste Arten von Meditationen und das A und O ist es, die für einen selbst geeignete zu finden. Jedenfalls steht dahinter die Idee, den Geist zu beruhigen durch Achtsamkeits- und Konzentrationsübungen, die in Stille und innerer Ruhe durchgeführt werden, und alle Gedanken im Hier und Jetzt zu halten.

Vor Meditationen hatte ich lange Zeit großen Respekt und einen entsprechend weiten Bogen darum gemacht. Denn in Filmen saßen die Menschen stundenlang in ruhiger Verharrung in unbequemer Haltung auf dem Boden und hatten irgendwie ihre Probleme. Also wollte ich das nicht. Dennoch probierte ich es aus, im Schneidersitz zu meditieren und eine Flamme anzusehen. Das dauerte zu lange und es gelang mir auch nicht, meine Gedanken ruhig zu halten und nicht zappelig zu werden.

Und dann stieß ich vor ein paar Jahren auf kleine geführte Mediationen. Variabel von fünf Minuten bis 15 Minuten. Und seither klappt es gut mit kleinen Meditationen (siehe Literaturliste).

„Innere Ruhe ergibt sich aus Harmonie und Zufriedenheit" ANGELIKA MACK

Progressive Muskelentspannung

Edmund Jacobson entwickelte die Progressive Muskelentspannung (PME). Manchmal wird die Methode auch progressive Muskelrelaxation (PMR) oder Tiefenmuskelentspannung genannt. Die PME ist eine Entspannungsmethode, bei der nacheinander bestimmte Muskelgruppen angespannt und wieder entspannt werden. Ziel ist eine tiefe Entspannung des ganzen Körpers.

Dabei werden in der gleichen Reihenfolge die einzelnen Muskelgruppen angespannt, die Spannung gehalten und daraufhin die Spannung gelöst. Die übende Person ist währenddessen so auf den Wechsel zwischen Anspannung und Entspannung fokussiert, dass die Gedanken konzentriert bleiben und nicht abschweifen. Durch das wiederholte Üben verbessert sich die Körperwahrnehmung und das Entspannen geht leichter bis zu einem Grad, dass die Entspannung der Muskulatur auch ohne die genaue Abfolge eintreten kann.

Qigong

Ist eine Mischung aus Meditation, Bewegung und Konzentration und hat ihren Ursprung in China. Die einzelnen Übungen unterteilen sich in Körper- und Bewegungsübungen, Atemübungen sowie Meditations- und Konzentrationsübungen.

Es ist eine alte traditionelle Bewegungsform, die wunderbar beruhigend ist, da die Bewegungen langsam und fließend sind. Mit dem Ziel, das Qi oder Chi, die Lebensenergie zum Fließen und in Einklang zu bringen und dabei Energieblockaden aufzulösen. Um die Übungen tatsächlich korrekt auszuführen, ist ein Kurs zu empfehlen. Manchmal gibt es auch Schnupperkurse, in denen man verschiedene Entspannungsarten kennenlernen kann, um dann zu entscheiden, welche Form einem liegt.

Yoga

Ist weit weniger esoterisch als es klingt. Es ist eine philosophische Lehre, die ursprünglich aus Indien stammt. Im Vordergrund steht dabei – zumindest für mich – die körperliche Entspannung sowie Steigerung der Beweglichkeit im ganzen Körper. Darüber hinaus ist die Beruhigung mit Aspekten wie Atem- und Konzentrationsübungen ein wichtiger Bestandteil. Du kannst Yoga auch ganz pragmatisch wie eine Art Rückengymnastik betreiben. Es gibt sehr viele gute Bücher und Kurse und besonders einfach sind YouTube-Videos, die du in deinem Tempo machen und dabei unterschiedliche Formen ausprobieren kannst.

Bonusteil: Waldbaden

„Die Berührung der Seele mit der Natur macht den Verstand fruchtbar und erzeugt die Phantasie" HENRY DAVID THOREAU

Schon in jungen Jahren bin ich viel in den Wald zum Spazieren gegangen. Intuitiv suchte ich die Nähe zu Bäumen, wenn ich traurig war, gedanklich nicht weiterkam oder einfach abschalten wollte. Schon als kleines Kind war einer meiner liebsten Plätze in unserem Garten unser Kirschbaum. Da gab es Schatten, es war ruhig, ich fand Zufriedenheit.

Im nahegelegenen Schlosspark, in dem mehr als 100 verschiedene Baumsorten gepflanzt sind, ist mein Lieblingsbaum eine Blutbuche. Sie ist viele Jahrzehnte alt, hat sehr dichte Äste und eine wunderbare Form, die einer Glocke gleicht. Schon von weitem, wenn ich mich dem Baum nähere, freut sich mein Herz.

Auch als Studentin habe ich während intensiver Lern-phasen Ausflüge in den Wald dazu genutzt, das Gelernte sacken zu lassen, zu wiederholen und neue Kraft zu schöpfen.

Während meiner Ausbildung zur Feng-Shui Beraterin hatten wir einige Workshops im Wald und einfach im Freien. Es ging dabei um das Erspüren der Natur, um Far-ben und Formen und vor allem um die Stille. Das war wun-derbar.

Und heute im Erwachsenenalter gehe ich noch ganz regelmäßig in den Wald und suche die Nähe der Bäume, genieße ihre wohltuende Wirkung und lasse meine Ge-danken zur Ruhe kommen.

Waldbaden

Jetzt kennen wir den Begriff Waldbaden und zu meiner großen Freude genießen mehr Menschen (wieder) den Kontakt zur Natur und insbesondere die Nähe zum Wald.

Deutschland ist eines der baumreichsten Länder Euro-pas und Wälder sind die Katalysatoren für unsere lebens-notwendige Luft, nehmen das CO_2 auf und schützen da-mit unser Klima.

Die Ursprünge des Waldbadens

Die Idee des Waldbadens kommt aus Japan und wird dort praktiziert, da man die positiven Effekte auf Körper und Seele erkannte. In Japan gehört Waldbaden sogar zur Gesundheitsvorsorge, denn es gibt Studien, die die Wirksamkeit belegen. Unser Immunsystem geht in Resonanz mit dem Wald und taucht in die angenehme, heilende und beruhigende Atmosphäre des Waldes ein.

Nun ist es ja nicht so, dass man nicht auch schon früher und auch bei uns erkannt hätte, dass der Wald beruhigt, heilt, gut für uns ist und man da gut abschalten kann.

Schon im Film „Sissi" sagt Sissi (sinngemäß) zu ihrem Franz: „Mein Papi hat früher zu mir gesagt: Kind, geh in den Wald, wenn du Sorgen hast. Dem Wald kannst du alles anvertrauen." Und als sie neu in Wien ist, morgens aufwacht, durchs Schloss eilt, kann sie es nicht fassen, dass da kein Wald und keine Tiere um sie herum sind.

Also kann man wohl sagen, dass die günstige Wirkung des Waldes auf unsere Seele und unsere Gesundheit schon sehr lange bekannt ist, die Japaner die Idee aufgegriffen und ausgeweitet haben, in dem ein Konzept daraus wurde.

Das ist Waldbaden

Kurz gefasst ist ein Waldbad ein langsamer und achtsamer Spaziergang im Wald. Man geht dabei durch den Wald, hat keine festen Absichten und nimmt den Wald in sich auf. Spüren und auch Anfassen inklusive. Man hört dem Rascheln der Blätter zu, dem Wind in den Ästen, nimmt den typischen Geruch des Waldes wahr, der mal modrig, mal feucht oder auch frisch sein kann. Es tut gut, auch mal die Rinde eines Baumes zu erfühlen und die reine Natur als Beruhigung zu erleben.

Der Wald ist kostenfrei und für alle da. Gratis und nebenwirkungsfrei. Gerade Menschen auf hohem Stressniveau oder die sich einfach gestresst fühlen, sollten mehr in den Wald gehen. Menschen, die schlecht abschalten können, nur schwer zur Ruhe kommen oder Schlafstörungen haben, können vom Besuch im Wald profitieren. Der Wald lenkt ab und kann sogar Schmerzpatienten Linderung bringen. Ebenso können Menschen mit Angststörungen und großen Sorgen vom Waldbaden profitieren.

Denn der Wald ist heilsam für Körper und Seele. Er aktiviert Selbstheilungskräfte, lenkt ab und stärkt das Immunsystem. Waldbaden ist generell sinnvoll und alleine schon die Bewegung des Spazierengehens hat einen großen Nutzen. Unsere Vorfahren waren bereits viel im Wald unterwegs, so dass uns der Aufenthalt im Wald in den Genen steckt.

Generell gesagt, lenkt uns die Natur ab, gibt neue Perspektiven durch einen anderen Blickwinkel, mit dem wir unsere Themen, Sorgen und Gedanken betrachten. Die Ablenkung gilt gleichermaßen für Sorgen wie auch für Beschwerden oder Schmerzen. Und selbst, wenn es nur eine temporäre Blockade, Stimmungsschwankung oder Langeweile ist.

„Gesundheit ist nicht alles, aber ohne Gesundheit ist alles nichts."

GALILEO GALILEI

So wirkt Waldbaden

Wald und Bäume haben eine beruhigende Wirkung auf uns Menschen. Im Wald klären sich Gedanken, fügen sich Überlegungen ineinander, kommen neue Ideen, bereinigen sich Sorgen und hellt sich die Stimmung auf. Man darf einfach sein.

Es ist erwiesen, dass sich der Blutdruck reguliert, die Stresshormone absinken und sich sogar der Pulsschlag verlangsamt.

Der Anblick der Bäume, das Beobachten der Natur, das Lauschen auf die Naturgeräusche kommt tief in uns an und berührt uns. Naturbelassene Landschaft wirkt positiv auf unsere Gesundheit, das Mikroklima des Walds wirkt! Die ganze Atmosphäre, die Natur, das durch das Laubdach gedämpfte Licht beruhigt unseren Körper und unsere Seele. Wenn dann noch eine schöne lichtdurchflutete Waldlichtung oder das sanfte Plätschern eines

Baches vorhanden ist, fühlt sich die Welt rund und wohlig an. Entschleunigung tritt ein.

Etwas skeptischere Stimmen gehen davon aus, dass wir als Kinder darauf konditioniert wurden, dass ein Gang in den Wald etwas Positives ist. Beispielsweise haben wir das Pilze-suchen mit der Oma oder der Spaziergang mit dem Opa in frühester Kindheit als gute Erinnerungen gespeichert. Daher sagen die skeptischen Forscher, dass wir eben die typischen Gerüche im Wald und in der Natur mit Kindheitserinnerungen assoziieren.

Das ist schwierig zu sagen. Für mich mischt sich beides und ich selbst habe die Erfahrung, dass mir ein Gang in den Wald Erleichterung bringt, ich dort meine Sorgen abgeben kann, meine Gedanken zur Ruhe kommen und schon so manch gute Idee im Wald geboren wurde.

Für mich ist Waldbaden essentiell und ich versuche, fast jeden Tag einen Waldspaziergang zu machen und habe dies während vieler meiner persönlichen Krisen als Rückzugs-, Klärungs- und Sammlungsort empfunden. Und wenn ich dort manchmal auch nur ungestört weinen konnte, dann hat auch das gut getan.

So geht Waldbaden

Naturerlebnis tut gut und beruhigt. Das ist nachgewiesen. Aber ist ein ganz normaler Spaziergang im Wald dann schon Waldbaden?

Beim Waldbaden stehen Entspannen und Stressbe-
wältigung mit einer positiven Naturerfahrung im Vordergrund. Das geht am besten mit einigen bewussten Übungen:

Nimm dir Zeit

In Studien wurde gezeigt, dass ab etwa einer Stunde
im Wald Erholungseffekte beginnen. Besser wäre es,
mehrere Stunden oder gar Tage im Wald zu verbringen.
So können Körper, Geist und Seele am besten entspannen und zur Ruhe kommen und von der Natur profitieren.
Unwichtig ist dabei die zurückgelegte Strecke. Darum
geht es nicht, denn gerade das „Zeit haben", sich treiben
lassen und genießen lässt uns zur Ruhe kommen. Stram-
mes Wandern ist etwas ganz anderes und hat auch seinen Sinn – je nach Typ und was eben gerade ansteht. Besser ist es, die Natur in sich aufzunehmen, auch mal Pause
zu machen, an einer Pflanze zu riechen oder eine raue
Rinde zu berühren.

Atme ganz bewusst

Atmen wir nicht ohnehin die ganze Zeit irgendwie? Ja,
das schon. Über bewusstes Atmen können wir uns gut
und leicht und an jedem Ort der Welt entspannen. Besonders gut geht das an Orten, die uns darüber hinaus noch
guttun. Langsames tiefes Ein- und Ausatmen beruhigt unseren Körper, der Puls verlangsamt sich und wir kommen
zur Ruhe. Wem das schwer fällt bekommt Unterstützung
durch das Grün des Waldes, durch die umgebende Natur,
durch das Rascheln des Windes und das gedämpfte Licht

im Wald. Achte beim Waldbaden auf deine Atmung, auf ruhige und gleichmäßige Atemzüge, die möglichst tief und achtsam sind. Der Sauerstoff im Wald füllt deine Lungen und tut dir gut! Der Körper schüttet Glückshormone aus.

Sorge für das leibliche Wohl

Nimm dir genügend Proviant mit, wenn du längere Aufenthalte im Wald und der Natur planst. Insbesondere solltest du an ausreichend Wasser denken, denn nicht immer ist eine Quelle oder ein sauberer Bach in der Nähe. Vielleicht wäre auch ein kleiner Snack oder ein richtiges Picknick gut? Oder einfach ganz simpel ein belegtes Brot. Dennoch sollte dein Rucksack nicht zu schwer sein, da sonst die Entspannung leidet. Wappne dich auch für Notfälle und nimm noch ein paar Müsliriegel extra mit.

Denke an Pausen

Entspannung steht hier im Vordergrund. Denke daher auch daran, Erholungsphasen einzurechnen, denn falls dich eine Wanderung zu sehr anstrengt ist der Effekt gleich null. Genieße Pausen, vielleicht auf einer Lichtung oder einem schönen Stein. Nimm dabei deine Umgebung bewusst war, die Gerüche, die Insekten und Vögel, das einfallende Licht mit dem Spiel von Sonne und Schatten.

Tu wonach dir gerade ist

Jeder hat hier andere Bedürfnisse und Vorstellungen. Eine Person wünscht sich eine Waldmeditation, die andere einen Streifzug durchs Unterholz und der Dritte will einfach nur ruhig dasitzen und seinen Gedanken nach-hängen. Für jeden geht Entspannung und Naturerlebnis etwas anders. Überlege dir daher, was für dich passt. Falls ihr mehrere Personen seid, dann stimmt vorher ab, wie die Erwartungen sind, damit jeder auf seine Kosten kommt und keine Unstimmigkeiten auftreten. Bereite dich vor, damit du ein optimales Erlebnis hast. Besorge dir vielleicht eine Karte von dem Gebiet, damit du keinen Stress hast, wenn du den Weg oder den Rückweg zum Auto nicht mehr findest. Dann kann aus einem sehr schönen Erlebnis leicht Frust werden, was sehr schade wäre.

Studien zur gesundheitlichen Wirkung

In Japan verordnen Mediziner durchaus Waldbaden als unterstützende Therapie gegen Burnout oder Herzkreislauferkrankungen. Forscher fanden heraus, dass die ätherischen Öle aus der Rinde oder Zapfen das vegetative Nervensystem beruhigen und bei der Regeneration unterstützen. Waldbaden hat eine wohltuende und präventive Wirkung, ist aber kein Ersatz für Medikamente.

Auf Wald schauen tut gut

Im Jahr 1984 erschien eine Studie des schwedischen Forschers Roger Ulrich, die die gesundheitlichen

Wirkungen des Waldes erforschte. Er hatte die Akten von 46 Patienten einer Klinik in Pennsylvania verglichen und die Lage der Krankenzimmer studiert. Erstaunlicherweise kam dabei auch heraus, dass allein schon der Blick auf Bäume guttut. Insbesondere, dass Patienten, die aus dem Krankenhausfenster in die Natur schauen können, schneller gesund werden und sogar weniger Schmerzmittel brauchen als Patienten ohne Aussicht auf Bäume. Einige Zeit danach bestätigte Ulrich diese Werte mit einer weiteren Studie in einem schwedischen Krankenhaus. Auf einer Intensivstation wurden unterschiedliche Bildmotive aufgehängt und die Genesung von 160 Herzpatienten verglichen. Eine Gruppe schaute auf ein Foto mit Bäumen und erholte sich tatsächlich schneller als die Kontrollgruppe, die abstrakte Malerei oder gar keine Bilder gesehen hatte.

Dies wurde zudem vom japanischen Wissenschaftler Miyzaki (Direktor des Zentrums für Umwelt und Gesundheit an der Universität Chiba, Japan) bestätigt: Er belegte, dass bei Menschen, die auf Wald schauen, der Stresshormonspiegel nachweislich niedriger war als ohne Wald. Sogar um 13,4 Prozent.

In Japan gibt es an manchen Universitäten sogar eine Spezialisierung für Fachärzte in Waldmedizin.

Im Jahr 2015 stellte der Umweltpsychologe M. Berman einen Zusammenhang zwischen der Begrünung der Wohngegend und Krankheiten her. Er forschte an der Universität Chicago und fand in einer Studie heraus, dass mehr Bäume in der eigenen Wohngegend einen positiven Einfluss auf Zivilisationskrankheiten wie Bluthochdruck, Diabetes oder das Herz-Kreislauf-System haben.

Britische Wissenschaftler erforschten ebenfalls die Wirkung des Waldes auf unser Wohlbefinden und fanden heraus, dass Bewegung im Wald den Stresspegel senkt und dabei die Stimmung hebt. Denn im Wald erleben wir so unterschiedliche Sinneseindrücke wie die Geräusche des Windes, das Zwitschern von Vögeln oder einfach der Geruch des Waldes, die sich positiv auf unser Nervensystem und unsere Erholung auswirken. Die Zellen können dabei regenerieren und erhalten einen Ausgleich für die Hektik des Alltags.

Waldbaden für ältere Menschen

Obwohl Waldbaden nicht von Krankenkassen verordnet wird, hat sich dennoch ein Waldtrainingsprogramm für ältere Menschen etabliert, das unter dem Begriff „Lübecker Modell Bewegungswelten" läuft. Mehr als 100 Pflegeeinrichtungen machen bundesweit mit und bieten älteren Menschen ein Präventionsprogramm an, das sie körperlich und geistig aktiviert. Entwickelt wurde das Programm von der Bundeszentrale für gesundheitliche Aufklärung (BZgA) und es verknüpft motorische Übungen mit Denkaufgaben beim Waldspaziergang. Und das mit Erfolg, denn Studien belegen auch hier, dass diese Kombination gute Effekte auf die Selbstständigkeit der Menschen, deren Koordinationsvermögen und den allgemeinen Gesundheitsstatus hat. Die Teilnehmer gehen zweimal in der Woche für eine Stunde in den Wald, wo dann beispielsweise Vogelarten aufgezählt werden oder über Baumarten gesprochen wird.

Fakten zum Waldbaden

- Reinere Luft: Waldluft enthält rund 90% weniger Staubteilchen als Stadtluft
- In bewaldeten Regionen sterben weniger Menschen an Krebs
- In grüneren Wohngegenden gibt es weniger Diabetes und Herz-Kreislauf-Erkrankungen (US-Umweltpsychologe Marc Berman)
- Bereits ein Tag im Wald steigert die Abwehrkräfte und stärkt das Immunsystem
- 20 bis 30 Minuten Aufenthalt im Grünen senkt den Stresslevel, der Cortisol-Spiegel im Körper sinkt
- Kein Ersatz für Medikamente
- Deutschland ist eines der baumreichsten Länder Europas mit etwa 12 Millionen Hektar Fläche und einer Landesfläche von 32%.

„Wer zur Quelle will, muss gegen den Strom schwimmen. "
HERMANN HESSE

Mögliche gesundheitliche Wirkungen

- Steigerung des Wohlbefindens
- Verbesserte Immunabwehr
- Senkung des Blutdrucks
- Verminderung von Stress
- Senkung des Blutzuckerspiegels
- Beruhigung des Herzens
- Klareres Denken ist möglich
- Bessere Schlafqualität
- Aufhellung der Stimmung
- Bessere Fokussierung auf das Wesentliche
- Steigerung der Konzentration
- Verbesserung des Kurzzeitgedächtnisses
- Wut verblasst
- Depressive Verstimmungen werden abgemildert
- Angstzustände werden abgebaut
- Die Vitalität steigt
- Wohlbefinden stellt sind ein

Wenn gerade kein Wald in der Nähe ist...

... bring den Wald in dein Zuhause!

Hier einige Beispiele, mit denen du dir helfen kannst:

- Umgib dich mit vielen Pflanzen. Am besten so große wie möglich. Es gibt beispielsweise auch Zimmerlinden, mit denen man sich sogar einen kleinen Baum ins Haus holen kann.
- Nimm viel „grün" zu dir. Wie wäre es mit einem Smoothie aus Wildkräutern?
- Hänge dir doch Fotos vom Wald an die Wand. Vielleicht sogar selbstgemachte Fotographien.
- Achte auf die Hölzer im Schlafzimmer. Ein wunderbares Holz, das den Schlaf fördert ist Zirbenholz. Du könntest dir ein Zirbenbett kaufen.
- Etwas handlicher sind ätherische Öle aus Zirbenholz, Weißtanne, Fichte, Zypresse, Kiefer oder Fichte. Du kannst sie auf Holzspäne träufeln, in einen Vernebler geben oder auf einen Duftstein auftragen.
- Es gibt auch schöne Handschmeichler aus Holz, die gut in der Hand liegen und wunderbar duften.

Auf geht's! Raus in die Natur. Wobei es nicht unbedingt ein Wald sein muss. Es genügt ein Park, ein Spaziergang am Fluss oder auch eine Berg-Tour. Je nach Verfügbarkeit, Gusto und Fitness...

Und schalte ruhig mal das Smartphone aus...

Liebe Leserin, lieber Leser, ich hoffe,

- dass dir das Buch gefallen hat.
- Dass dir das Buch etwas geholfen hat und du auf dem Weg raus aus der Krise bist.
- Dass dir die LAUCH-Methode dauerhaft hilft.
- Dass du dauerhaft resilienter und krisenbeständiger wirst.
- dass du viele Anregungen bekommen hast.
- dass du dich nicht unterkriegen lässt.
- dass du ein schönes Leben hast.
- dass du das Buch wieder zur Hand nimmst, wenn du es mal wieder brauchen kannst.
- dass du mein Buch vielleicht auch weiterempfiehlst?

Und ich bitte dich sehr herzlich um eine ehrliche Rezension auf Amazon. Das hilft mir sehr

Hier findest du Hilfe

Es gibt einige Möglichkeiten, solltest du in deiner Krisensituation alleine nicht mehr weiterkommen. Helfer sind für dich da und nimm diese Hilfe bitte in Anspruch. Da muss sich niemand schämen. Zögere nicht, eine Hotline anzurufen oder eine Gruppe zu kontaktieren.

Telefon Seelsorge

Hier findest du rund um die Uhr - anonym, wenn du möchtest - telefonisch eine geschulte Ansprechperson, die deinen Anruf sehr ernst nehmen. Pro Jahr rufen hier mehr als zwei Millionen Menschen an, die hier erste Hilfe finden.

0800 1110-111 oder 0800 1110-222

www.telefonseelsorge.de
Hier gibt es Ortslisten mit regionalen Stellen bei dir vor Ort, wenn du ein persönliches Treffen willst.

Trauertelefon

Die Diözese Augsburg ist hier bundesweit erreichbar und auf die Themen und Fragen von Trauernden eingestellt:

0821 / 349 7 349

Du kannst dich auch an deine **Kirchengemeinde vor Ort** wenden, falls dir christlicher Beistand hilft und du damit etwas anfangen kannst. Hab keine Scheu, probiere es aus. Viele Gemeinden und Pfarrer/innen sind mittlerweile sehr offen und praktisch in der Beratung und weniger auf streng christliche Ansätze festgelegt. Mehr, als dass es dir nicht taugt, und du dich woanders hinwendest, kann dir ja nicht passieren, oder?

Selbsthilfegruppen

Zu den meisten Krisenthemen gibt es Selbsthilfegruppen. Vielleicht nur in größeren Städten, aber ein Rechercheversuch ist es doch wert, oder? Auch hier gilt es, neue Wege zu gehen und es ausprobieren. Wenn du bereit bist, nach außen zu gehen und in einer Gruppe zu arbeiten, dich begleiten zu lassen.

Zudem gibt es im Internet jede Menge Blogbeiträge, Seminare zu entdecken, sowie Foren zum Austausch.

Haftungsausschluss

Die Benutzung des Buches erfolgt ausdrücklich auf eigenes Risiko. Die Autorin kann für etwaige Unfälle oder Schäden jeglicher Art, die sich bei der Umsetzung der Tipps und Übungen aus diesem Buch ergeben könnten, aus keinem Rechtsgrund eine Haftung übernehmen. Rechts- und Schadensersatzansprüche sind ausgeschlossen. Alle Inhalte wurden unter großer Sorgfalt erarbeitet. Der Inhalt darf keinesfalls als medizinische Hilfe gesehen werden. Alle enthaltenen Informationen basieren lediglich auf selbstgemachten Erfahrungen und der eigenen Meinung der Autorin. Dennoch können Druckfehler und Falschinformationen nicht vollständig ausgeschlossen werden. Die Autorin übernimmt keine Haftung für die Aktualität, Richtigkeit und Vollständigkeit der Inhalte. Für selbstverursachte Schäden oder Fehlhandlungen von Lesern wird keine juristische Haftung übernommen. Zudem kann keine Garantie für Erfolge oder die Haftung in irgendeiner Form für fehlerhafte Angaben und daraus entstehende Folgen von der Autorin übernommen werden. Gleichzeitig wird keine Haftung für die im Buch angegebenen Quellen und externen Webseiten übernommen, da hier jeweils nur der Webseitenbetreiber verantwortlich ist. Alle Ratschläge in diesem Buch wurden von der Autorin sorgfältig erwogen und geprüft.

Dieses Buch ist ein kleiner Ratgeber, der viele Tipps, Übungen und Geschichten enthält, aber keine Konsultation beim Arzt oder Psychologen ersetzt. Bitte suche dir Hilfe, wenn du nicht mehr weiterweißt!

Achtung: Die Überschriften, Ideen und Ratschläge scheinen bisweilen sehr einfach zu sein. Aber nichts funktioniert so gut wie einfache Handlungen, die über einen längeren Zeitraum angewendet und konsequent umgesetzt werden. Probiere es aus und bleibe dran.

Komm wieder auf die Beine und (dauerhaft) raus aus der Krise

Literatur- und Quellenverzeichnis

Adolphson, Catharina (2015): So leicht geht Autogenes Training (Für Dummies)

Alletter, Karl-Dieter (1993): Die Kunst des Atmens - Qi Gong, Das Geheimnis des chinesischen Systems von Atmung und Bewegung

Arvay, G. C. (2018). Der Heilungscode der Natur

Berndt, Christina (2015): Resilienz - Das Geheimnis der psychischen Widerstandskraft (Was uns stark macht gegen Stress, Depressionen und Burn-out

Betz, Robert: Kurzmeditation für jeden Tag: Für Gelassenheit, Klarheit und inneren Halt (Audio CD, Hörbuch)

Chang, Edward und Brecher, Paul (2001): Chinesische Hei- und Entspannungsübungen - Taiji und Qigong nach dem offiziellen Handbuch der Volksrepublik China

Christiansen, Andrea (2005): Blitz-Yoga

Der moderne Qi Gong Kurs 1 - DVD - Die 8 Brokate

Fredrickson, Barbara L.: Die Macht der guten Gefühle - Wie eine positive Haltung ihr Leben dauerhaft verändert.

Frucht, Stephan: Progressive Muskelrelaxation nach Jacobson. Gesprochene Anleitung mit Musik (Audo-CD)

Gazzaniga, Michael, Heatherton, Todd, Halpern, Diane: Psychologie

Grasberger Delia: Autogenes Training: Über 100 Anwendungsmöglichkeiten für Körper und Seele

Grün, Anselm (2016): Das Buch der Rituale

Hautzinger, Martin: Ratgeber Depression. Informationen für Betroffene und Angehörige. Hogrefe Verlag, aktualisierte Auflage 2018. ISBN: 978-3801728601.

Höfler, Heike: Atem-Entspannung: Soforthilfe bei inneren und äußeren Spannungen. Über 70 einfache Übungen zum Lockerwerden.

Holz, Heike (2017): Kleine Schritte - Große Veränderung

Johnen, Wilhelm (1999): Muskelentspannung nach Jacobson

Kübler-Ross, Elisabeth (1999): Über den Tod und das Leben danach

Preisendörfer, Pamela (2013): Glaubenssätze & Überzeugungen: Von mentaler Selbstsabotage zu innerer Stärke und Ausstrahlung

Rankin, Lissa: Warum Gedanken stärker sind als Medizin -Wissenschaftliche Beweise für die Selbstheilungskraft / Glaubenssätze

Schulze, Angelina: Autogenes Training: Anleitung und Übung für Erwachsene: Wie du als Anfänger Autogenes Training in Phantasiereisen leichter lernst.

Seligman, Martin (2014): Flourish -Wie Menschen aufblühen - Die Positive Psychologie des gelingenden Lebens (2. Auflage). München: Kösel-Verlag.

Stutz, Pierre (2001): 50 Rituale für die Seele

Trökes, Anna (2000): Das große Yogabuch

Trökes, Anna: Die YogaBox

Wilson, E. (1984). Biophilia. The human bond with other species. Cambride, MA: Harvard University Press.

Zebroff, Kareen (1988): Yoga für jeden

www.wikipedia.de